Reflexiones sobre las conexiones que nos unen en silencio y amor

Viajero

de la

Brumra

arielOm

BHEDA
LITERARY

LAS VEGAS · BARCELONA

Viajero de la Bruma

Publicado por **Bheda Literary**,
un sello editorial de **Meetai Publishing**,
una división y nombre comercial de **Meetai LLC**.

www.meetai.com

Bheda es un nombre comercial de Meetai LLC
y el logo Bheda Library es una marca de Meetai LLC

Originalmente publicado como ebook por Meetai Publishing, 2024
ISBN: 978-1-966967-05-7
Ebook ISBN: 979-8-230568-65-0

Poemas e ilustración: Ariel Pedroso
Diseño © Meetai, LLC

Para obtener permisos o información adicional, comuníquese con:
Meetai, LLC
publishing@meetai.com
8465 W Sahara Ave Ste 111 Unit #1027
LAS VEGAS, NV 89117

A todas aquellas personas que, con la luz de su compasión, tocan las vidas de los demás. Aquellos que, sin esperar nada a cambio, tienden su mano, ofrecen su corazón y se convierten en el amparo de quienes más lo necesitan. **Gracias** *por ser nuestros centinelas, luciérnagas y la luna llena en la oscuridad— a veces inmensa—, por brindarme la esperanza del amor como la fuerza más poderosa para mi sanar.*

**Que el universo
les obsequie
con la misma paz
que ustedes proveen.**

*Para quienes navegan las aguas de sus propias batallas,
a los que encuentran fuerza en la calma
y belleza en la sencillez
y a todos los que, en silencio, buscan
transformar el mundo con cada pequeño acto de
amor
y presencia.*

Este es para ustedes.

Contenido

Prefacio

Y en el papel amarillo
Cuento el viaje.
Contándolo, me inunda
Un gozo grave[...][1]

—José Martí, "Ismaelillo"

RECUERDO UNA VEZ, en medio de una discusión con un amigo cercano, que ambos estábamos tan ocupados defendiendo nuestro punto de vista que ni siquiera nos dábamos cuenta de que queríamos lo mismo: ser escuchados. Fue, en el momento en que hice una pausa y dije: "Solo quiero entenderte...", que todo cambió. No se trataba de ganar, sino de conectar. Desde entonces, he disfrutado expresando esa intención en cada encuentro esencial en el que participo.

Cada palabra que encontrarás en estas páginas nació de la necesidad de entender y ser entendido. Este libro que ahora posees, más allá de ser solo una colección habitual de poemas, pensamientos y reflexiones, es un viaje que te propongo hacia los rincones donde habitan nuestras batallas interiores, nuestras luces y sombras y los momentos de calma que nos recuerdan quiénes, manifiestamente, somos.

En un momento que a menudo nos empuja hacia la velocidad (hacia lo efímero) he querido —mientras me detengo a observar lo aparentemente invisible: el susurro del viento, la pausa entre latidos, las pequeñas acciones que transforman vidas incluso sin darnos cuenta— invitarnos a conectar con esa quietud y el tiempo del lento andar, a abrazar lo que no podemos controlar y a encontrar belleza en la humanidad y en lo humilde. Este libro, como verás, es también un homenaje a quienes caminan con nosotros —incluso desde el silencio—, a quienes hacen del amor una fuerza tangible que sana y une. A los que enfrentan la tormenta con valentía y a los que, desde la compasión, iluminan el camino de otros.

Confío en que las palabras aquí derrochadas —que escribí en mí durante tantos años y que ahora comparto especialmente contigo— te acompañen y se hagan refugio, espejo, puente o una chispa que encienda algo en tu interior.

Al final, todos buscamos lo mismo: paz, significado, y un lugar al que pertenecer; aunque solo sea por un instante.

Gracias por abrir este libro y este espacio en tu vida.

Que encuentres, aquí,
un fragmento de la luz
que siempre te ha habitado.

Con gratitud,

Prólogo

EXPLORAR *Viajero de la Bruma* es adentrarse en un universo donde la poesía y la música dialogan de manera íntima y profunda. Desde la primera página, arielOm nos invita a un viaje introspectivo en el que las palabras narran, resuenan, vibran y emocionan como si fueran notas de una composición cuidadosamente orquestada.

En esta obra, la música —si no se escucha con oídos— se siente; es un lenguaje subyacente que da ritmo a los versos y acompaña la travesía del lector. Pero esta misma música ¡también puede escucharse! ArielOm, con su sensibilidad como poeta y su maestría como creador multidisciplinar, ha sabido integrar las herramientas de la tecnología para complementar la experiencia del lector, invitándolo a descubrir la dimensión sonora de sus versos. Este enfoque no solo enriquece la obra, sino que la transforma en un proyecto único, donde las emociones trascienden las páginas y encuentran su eco en el sonido. Las imágenes evocadas por los poemas en sí son paisajes sonoros que parecen diseñados para ser habitados por las emociones humanas más profundas: la compasión, la melancolía, la esperanza y la transformación.

La poesía de arielOm sorprende por cómo, desde sus profundas raíces cubanas, se destila un arte de alcance verdaderamente internacional. Su obra combina elementos de la lírica introspectiva con matices de poesía simbólica y narrativa, creando un lenguaje poético rico en texturas y significados.

A través de versos que oscilan entre lo íntimo y lo universal, logra conectar influencias caribeñas con sensibilidades globales, entrelazando lo local y lo cosmopolita en una expresión que nos enriquece más a todos. Su habilidad para emplear técnicas como la aliteración, el ritmo libre y la imaginería vívida aporta una dimensión que complementa la profundidad emocional de sus poemas.

He encontrado en *Viajero de la Bruma* una manifestación única de cómo las artes pueden entrelazarse y trascender sus propios límites. La poesía de arielOṁ es sincera y reflexiva, y tiene la capacidad de conectar con algo esencial en cada uno de nosotros. Su habilidad para transformar experiencias personales en expresiones universales, y su conocimiento técnico para presentarlas de una manera innovadora, lo convierten en un creador excepcional, capaz de tender puentes entre disciplinas, sensibilidades y tiempos.

Este libro no solo se lee; se vive. Es un llamado a detenerse, a escuchar lo que habita en la bruma de nuestra propia existencia y a redescubrirnos en el proceso. Estoy convencida de que quienes tengan en sus manos *Viajero de la Bruma* encontrarán en sus páginas un refugio, un eco y una invitación a dejarse llevar por el arte en su forma más pura.

—Olga Boffill
Licenciada en Musicología y Máster en Procesos Formativos de las Artes, con una trayectoria en la investigación musical y la educación artística.
Amiga de la infancia del autor.

Parte Uno

La Poesía: Puente de Palabra y Silencio

E L TIPO de poesía que encontrarás en estas páginas refleja mi manera de explorar lo íntimo y lo universal, lo material y lo metafísico. Para mí, la poesía es un puente: una construcción del lenguaje que me permite pasar de una orilla de emoción hasta la otra conectando el pensamiento y la memoria —al caminar— y experiencias y significados que me ayudan a explorar, de una forma muy personal, el universo en el que vivo.

Estos versos nacen de una necesidad profunda de comprender las emociones humanas y el comportamiento del individuo, de tender la mano hacia lo que nos une y reflexionar sobre aquello que a veces nos separa.

He buscado capturar momentos de introspección —aquellos que emergen en la tranquilidad de la mañana, mientras disfruto de una bebida templante, o en la serenidad de un paseo por la naturaleza—, reflejando tanto los dilemas personales que (nos guste o no) enfrentamos, como las victorias cotidianas en las que encontramos solaz.

Uso imágenes que nacen de la naturaleza: el viento, el fuego, el agua, la luz... Estos elementos simbolizan emociones y estados de la consciencia que, a menudo, no sabemos cómo expresar; sin embargo, debido a nuestra relación ancestral con ellos, los comprendemos con mayor facilidad. Con las metáforas, más allá de embellecer, intento conectar el mundo exterior con nuestro paisaje interno ayudando, como puedo, a que nuestras vivencias encuentren eco en lo que leemos.

No sigo siempre una métrica estricta, pero valoro el ritmo. Las palabras fluyen como un susurro o una melodía, buscando una musicalidad que resuene de forma natural y sutil. Algunas rimas surgen espontáneamente, añadiendo un toque melódico que acompaña al significado.

En mis poemas encontrarás dualidades: luz y oscuridad, ruido y silencio, movimiento y calma. Estos opuestos no buscan dividirnos, sino mostrar cómo se complementan, revelando que ambos son esenciales para comprender la complejidad de la vida.

Creo en la belleza de la sencillez. Las palabras no necesitan ser complejas para tocar el alma. He añadido a cada verso apenas lo necesario, buscando la claridad y la profundidad, resaltando lo que ya sabemos que es extraordinario —lo que también habita en lo cotidiano— cuando así lo demanda el corazón.

Finalmente, estas palabras no son solo mías: son para ti; para quien busca calma, para quien navega sus propias tormentas y también para quienes, con su compasión, nos sujetan el mundo con pequeños actos de amor.

Ojalá que este espacio
sea un refugio,
una invitación
a conectar
con lo más esencial
de nosotros mismos.

POESÍA EMANCIPADA

Y estallo, hiervo, vibro;
¡Alas me nacen![ii]

—José Martí, "Ismaelillo"

*L*A POESÍA de estructura libre ha sido siempre una de mis grandes fuentes de inspiración, un regalo en forma de libertad creativa que me ha permitido expresarme sin restricciones como las de la métrica o la rima fija. Esta forma de escribir ha sido como una arponeada certera a la emoción más abstracta y desconocida: para explorar pensamientos oscuros y sentimientos evasivos con fluidez algo que, de otro modo, quizá me hubiera sido imposible.

Poetas como **Federico García Lorca** en *Poeta en Nueva York* o **Juan Ramón Jiménez** en *Diario de un poeta recién casado* me han guiado en este viaje, ofreciéndome un mapa de palabras que traspasa las fronteras del tiempo y el espacio e iluminando mis propias inquietudes y transformaciones, mostrándome la importancia de ser fiel a las emociones más profundas y a mi entorno, sin importar cuán distantes puedan parecer sus realidades de la mía.

Jiménez, en su sutil exploración de la naturaleza y el alma, me ha mostrado cómo se puede capturar lo esencial de la vida con apenas unas palabras. Encuentro que cada verso actúa como un espejo bien pulido, invitándome a reflexionar sobre la existencia, lo sublime en lo simple, y los secretos ocultos en los rincones más escondidos del corazón humano:

Amor, y tú no estás allí, ni fuera;
mi flor te mira igual que mira al cielo;
y eres la misma flor, y eres la esencia,
como el cielo del árbol, de mi pecho.[iii]

—Juan Ramón Jiménez, "Amanecer dichoso".

Sus palabras, llenas de dolor, amor y búsqueda, me muestran cómo es posible escribir soltando ataduras, dejando que la emoción guíe al ritmo.

Lorca, por ejemplo, transforma la angustia en algo casi palpable:

> *Con los animalitos de cabeza rota*
> *y el agua harapienta de los pies secos.*[iv]
>> —Federico García Lorca, "Vuelta de paseo".

En **Francia**, poetas como **Mallarmé**, con su poema *Un coup de dés jamais n'abolira le hasard*, me enseñó que las palabras pueden fluir como un río caótico pero lleno de significado, creando imágenes que nacen del caos y la diversidad. Y **Paul Valéry**, tan introspectivo en *La Jeune Parque*, me mostró cómo la poesía puede ser también un refugio para las preguntas que no tienen respuestas.

En **Italia**, poetas como **Giuseppe Ungaretti** y **Eugenio Montale**[v] me han mostrado que la poesía libre no necesita ser grandilocuente para ser poderosa. Ungaretti, en *Il porto sepolto*, logra transmitir toda la fragilidad del ser humano con palabras mínimas, pero tan cargadas de significado:

> *Vi arriva il poeta*
> *e poi torna alla luce con i suoi canti*
> *e li disperde*[vi]
>> —Giuseppe Ungaretti, "Il porto sepolto".

Montale, por su parte, me mostró cómo la poesía puede hablar del vacío y la desilusión —temas recurrentes—, pero siempre con una belleza sombría, casi secreta:

E andando nel sole che abbaglia
sentire con triste meraviglia
com'è tutta la vita e il suo travaglio[vii]

—Eugenio Montale, "Meriggiare pallido e assorto".

En **Brasil**, la poesía del portugués **Fernando Pessoa** ha sido uno de mis más felices encuentros. Con su habilidad para transformar lo circunstancial en algo lleno de belleza, me ha enseñado a abrazar la complejidad de nuestra identidad, a través de sus heterónimos, y escuchar —de una forma divertida— las voces internas que todos llevamos dentro:

Se, depois de eu morrer,
        quiserem escrever a minha biografia,
Não há nada mais simples.
Tem só duas datas
        —a da minha nascença e a da minha morte.
Entre uma e outra todos os dias são meus.[viii]

—Alberto Caeiro (Fernando Pessoa), "Se, depois de eu morrer...."

En mi **Cuba** natal, el arte poético ha proveído un espacio de reflexión y búsqueda interior, un refugio donde la palabra se entrelaza con la música, la danza y la pintura para dar voz a lo inefable. Autores como **José Martí** lograron hablar profundamente de sus experiencias individuales, haciendo vibrar el corazón con palabras sencillas y cargadas de significado, demostrando que la expresión artística es esencial.

Esta tradición lírica encontró en la trova cubana un cauce natural, donde la música y la poesía se entrelazan en una expresión genuina de la vida y los sentimientos del pueblo. Desde los viejos trovadores de Santiago de Cuba, como **Pepe Sánchez**, **Sindo Garay**, **Manuel Corona**, **Alberto Villalón** y **Rosendo Ruiz**, hasta la *Nueva Trova*, con figuras como **Silvio**

Rodríguez, Pablo Milanés y **Jose Antonio Quesada**, la música ha sido un puente entre la poesía y la vida cotidiana del pueblo cubano, llevando consigo la memoria y las aspiraciones de generaciones enteras. En la tradición oral cubana, las historias, los refranes y los versos improvisados han sido vehículos para transmitir saberes, identidad y afectos, tejiendo un relato colectivo que persiste más allá del tiempo y las circunstancias.

> *Todo es hermoso y constante,*
> *Todo es música y razón[...]*[ix]
>
> —José Martí, "Versos Sencillos".

Estos poetas y muchos otros han tocado mi espíritu de formas que escapan a cualquier intento de explicarlo, con una profundidad y una fuerza que siento van más allá de mi capacidad de comprender plenamente. Cada uno, a su manera, ha dejado una huella en mi forma de escribir, mostrándome cómo la poesía no es solo un juego con las palabras, sino un medio para conectar con lo más profundo de nuestro ser y del mundo. Ellos, en su libertad creativa, me han mostrado un camino para poder plasmar mis propios sentimientos y reflexiones sin miedo, sin restricciones, sin límites...

Este libro es pues, también, un homenaje a los forjadores de futuro, cuyo arte de la palabra, con sensibilidad y maestría, nos han revelado las múltiples facetas de la vida: su belleza, su complejidad y sus misterios.

A través de estas páginas, espero que cada lector encuentre un espacio para explorar la poesía en su forma emancipada —libre de ataduras— y descubrir en ella un reflejo único de su propia individualidad y su conexión con el mundo.

Esencia

En el viento encuentro mi paz,
un suspiro que al alma abraza[...]
y, en la quietud, mi ser se embarca
navegando donde los sueños se hallan.[x]

—arielOṁ, "Embarcado".

*T*E INVITO A EXPLORAR temas universales que resuenan en lo más profundo de nuestra humanidad: la ayuda al prójimo, la familia, el acercamiento a los otros, la empatía, el silencio, la paz interior, las conexiones auténticas, las batallas internas y el amor. Intento no presentarlos aquí como conceptos abstractos, sino como **elementos vivos** que forman parte de nuestra experiencia cotidiana, palpables en los pequeños gestos, en los momentos compartidos y en las reflexiones que transforman nuestro día a día.

Las emociones pueden afectar profundamente nuestras conexiones con los demás.[xi] Lo que sentimos tiene el poder de resonar en quienes nos rodean, moldeando nuestras relaciones de maneras que no siempre somos conscientes.[xii] En la quietud es cuando mejor mis deseos, miedos y secretos pueden salir a la superficie, revelando algo que **solo el silencio puede entender.**[xiii] Es allí —en esos momentos de auténtica vulnerabilidad— cuando me he encontrado más conectado a lo que compartimos como seres humanos.

En cada poema exploro cómo la compasión tiende puentes entre nosotros, con su poder, más allá de las barreras que a veces nos separan. Es con empatía que he podido realmente acercarme a los otros, superar los temores que nos bloquean, y abrazar nuestras diferencias. En mis versos hago todo lo posible por capturar ese momento transformador cuando, al dejarnos vulnerables, comenzamos a compartir nuestra humanidad de manera más profunda, reconociendo en el otro las mismas dudas, sueños y esperanzas que habitan en nosotros.

La empatía juega un papel fundamental en la comunicación al permitirnos conectar con los demás a un nivel más profundo y emocional.[xiv] A través de ella he podido entender no sólo las palabras que se dicen, sino también los sentimientos, necesidades y perspectivas que las acompañan. Facilita una escucha activa, donde no solo respondo, sino que realmente intento comprender y, además, genera un ambiente no crítico donde nos sentimos seguros de expresar lo que pensamos y sentimos; esto crea un espacio para intercambios más significativos y auténticos, donde la comunicación se convierte en algo más que un intercambio funcional de información, transformándose en una conexión emocional y relacional, con sentido.[xv]

En mis relaciones he vivido momentos de separación y dolor que, aunque difíciles, me han invitado a descubrir una compasión que no sabía que podía sentir:

> Son **lazos viciados**,
> colmados de silencios y palabras no dichas[...]
> — "Vínculos Rotos". *Viajero de la Bruma*, p. 58.

En esos momentos en que más necesito comprender a los demás, nuestras diferencias y fracturas no nublan el verdadero significado de la conexión auténtica, que sé que aún podemos alcanzar a través de la introspección, la meditación o la reflexión.

> **Amor** para contar conmigo,
> amor de tantos que te quieren bien[...]
> — "Para contar conmigo". *Viajero de la Bruma*, p. 69.

Al final, la mayoría de las personas con las que he tratado —incluso aquellas que a simple vista parecen más distintas o distantes—, parecen anhelar lo mismo: ser comprendidos, encontrar consuelo y, sobre todo, un camino hacia la sanación. En mi experiencia, ese camino sincero comienza con una decisión clave: **la de conocerse a uno mismo.**

Una vez, hablando con una amiga que parecía estar lidiando con algo complicado, me di cuenta de que escuchar no es solo prestar atención a *lo que se dice*, sino también a *lo que se calla*. Durante un largo rato, solo estuvimos sentados en silencio y al final me dijo: "Gracias por no presionarme, necesitaba que alguien me diera tiempo". En momentos como esos continúo sintiendo que entender a los demás no significa contar con las palabras correctas o incluso las soluciones, sino sencillamente estar ahí, compartiendo un espacio a su ritmo.

El silencio, aquí, no es simplemente la ausencia de ruido, la plenitud no ocupada o la carencia, sino un espacio profundo de reflexión y de descanso para el alma donde se disuelven las distracciones del mundo exterior y se abre un espacio para la conexión interior. En este silencio las emociones más sutiles pueden surgir con claridad y la mente tiene la libertad de divagar y explorar pensamientos que, a menudo, quedan ahogados por la prisa diaria.

La misma emoción y reflexión la encontrarás también en mi música, entrelazándose con este espacio silencioso; buscando, en última instancia, lo mismo: un lenguaje sin palabras que comunique más allá de lo que el sonido puede captar, una invitación a sumergirse en la quietud para encontrar el significado en lo aparentemente vacío.

Explora piezas como **OM440**, una obra meditativa que compuse al piano, para una conexión más significativa y consolidada.

*También **encuentra** porque esta paz,*
con sabor a silencio, también te pertenece.
—"La Paz del Silencio", *Viajero de la Bruma*, p. 72.

En medio de la agitación del día a día encuentro en el silencio un aliado y la oportunidad de detenerme y escuchar lo que realmente estoy sintiendo. Es, en este espacio, donde la paz interior comienza a gestarse, como un santuario donde puedo reconectar conmigo y, a su vez, con los demás de manera más genuina.

Lo que aquí comparto no es solo una gotita de mi viaje personal de autodescubrimiento y realización, sino que también te invito a explorar lo que nos une: la humanidad común en la que todos estamos inmersos, con nuestras batallas internas, nuestros deseos, y nuestras esperanzas. Mis poemas no pretenden dar respuestas definitivas, sino provocar una reflexión tranquila que alimente la comprensión y el respeto por lo que es diferente, por lo que no entendemos, y por lo que aún está por descubrirse.

Las batallas internas que todos enfrentamos —las dudas, los miedos, las inseguridades— son parte de lo que nos hace humanos, pero no son las únicas luchas que nos definen. Yo también enfrento desafíos externos, como las dificultades para comunicarme y comprender a los demás, especialmente cuando me relaciono con personas que viven de manera diferente o que poseen formas de ser y pensar que no siempre comparto.

La familia, por ejemplo, es uno de los ámbitos donde estas luchas se hacen más evidentes. El roce porfiado entre distintos modos de vida, visiones del mundo y formas de afrontar la vida puede generar malentendidos o desconexión.

Lidiar con estos desafíos puede resultar tanto doloroso como un terreno fértil para el crecimiento personal. A través de la empatía he podido aprender a ver más allá de mis propias perspectivas y acercarme a los otros de una manera más comprensiva, si cuento con la disposición interna de paz y la cantidad adecuada de energía. Esto no significa que deba estar de acuerdo con todo pero sí puedo, entonces, aprender a reconocer, abrazar y convivir con las diferentes vivencias, necesidades y desafíos de quienes me rodean.

Hay personas que, debido a sus propias batallas internas, ya sea por ansiedad, estrés, o incluso por el dolor de experiencias pasadas, no cuentan con la calma necesaria para acceder al espacio emocional de otro. La empatía —para todos— exige un equilibrio interno que no siempre somos capaces de mantener en momentos difíciles.[xvi]

Cuando estoy emocional o mentalmente agotado, mi capacidad de empatizar se bloquea y prefiero no mirar más allá de mis propias necesidades. He aprendido que, para comprender a los demás, necesito estar en calma conmigo mismo. Desde ese estado, puedo abrirme a las experiencias ajenas sin sentirlo como una carga. Sin embargo, cuando no encuentro esa paz, conectar genuinamente se vuelve abrumador y a veces prefiero evitarlo porque siento que me consume más de lo que puedo ofrecer en ese momento.

He aprendido que, en lugar de rechazar las diferencias, puedo intentar darles la bienvenida como oportunidades para crecer. Aceptarlas no siempre es fácil, pero he visto cómo puede transformar las tensiones externas en momentos valiosos que enriquecen mi vida. En mis relaciones familiares, amistades, y encuentros con otros, he descubierto que estos desafíos suelen ser lecciones sobre el amor, la paciencia, y la tolerancia, recordándome que cada conexión tiene algo que enseñarnos.

En una ocasión, estaba esperando en una fila cuando una persona delante de mí comenzó a gritarle al empleado que la atendía. Mi primera reacción fue juzgar su comportamiento como injustificado, pero algo en su tono me hizo detenerme. Después de observar un poco más, me di cuenta de que parecía estar al borde de un colapso emocional. En lugar de criticarle internamente, pensé en cómo yo podría reaccionar bajo una presión similar. Eso no excusó su actitud, pero me ayudó a verle como una persona que estaba sufriendo, y no solo como alguien "problemático".

Desde aquí busco reconocer esas luchas no como algo que debemos evitar, sino como parte fundamental de nuestra transformación. A través de la reflexión, la aceptación y —sobre todo— el amor, he logrado comprenderme mejor y espero inspirar en nosotros un camino hacia la paz que tanto anhelamos.

Y es que el amor, en este contexto, no es solo un sentimiento, sino una fuerza transformadora. Un amor que no solo se expresa en grandes gestos, sino también en las pequeñas acciones cotidianas y en la compasión[xvii] —en el entendimiento profundo de esto que nos une como seres humanos.

Viajero de la Bruma es una invitación a conectar con estos temas de manera directa y sincera, buscando en cada verso una forma de acercarme a esa paz que todos llevamos dentro, pero que a veces necesito recordar y cultivar.

Estructura

HE ORGANIZADO EL LIBRO en tres secciones que reflejan distintas fases del viaje emocional y personal para compartir contigo. Cada sección lleva un color que he elegido para simbolizar un estado o una fase de ese viaje algo que, espero, logre transmitirte el tono único de las emociones y pensamientos que aquí te presento.

1 **Negro (*Desconocidos*):** En esta sección he querido explorar las sombras de lo desconocido, las emociones intensas, los miedos y las confusiones que emergen cuando nos enfrentamos a lo que no comprendemos. Es un espacio de introspección profunda, donde lo incierto y lo oculto surgen para ser tocados, reconocidos y, quizás, entendidos de una nueva manera. Quiero que al leer estas páginas te sientas invitado a comprender no sólo a los *Desconocidos*, sino también *lo desconocido* dentro de ti y en todo lo demás.

2 **Gris (*Reflejos en la niebla*):** Aquí encontramos un espacio de transición. Los reflejos de la niebla simbolizan las áreas intermedias, donde la claridad y la oscuridad se entrelazan. Es el lugar de los sueños, las dudas y los momentos de vulnerabilidad, donde la verdad no siempre está al alcance, pero donde todavía hay algo por descubrir, entender y disfrutar.

3 Blanco (*Luz en la Bruma*): La sección final representa la luz que emerge a través de la niebla, la paz que sigue al caos. Es un espacio de claridad y esperanza, en el que los vínculos humanos y la compasión ocupan un lugar central. La luz no solo ilumina el camino, sino que también ofrece una visión más amplia de nosotros mismos y de nuestra conexión con el mundo y los demás.

El diseño es ecléctico, como lo es la experiencia humana[xviii] que inspira estas páginas. Cada poema y página son tratados como entidades independientes, con las estrofas adaptándose al sentimiento que transmiten. El diseño visual fluye con las emociones, convirtiendo la lectura en un recorrido donde las palabras y las formas se entrelazan, invitándote a explorar este viaje desde la introspección y la sensibilidad.

Tipografía

ALGUNOS VERSOS y palabras están destacados en **negrita** o *cursiva* para invitarte a una experiencia más profunda de lectura. Estas palabras no están solo para resaltar su importancia en el contexto de los poemas, sino para señalar momentos de especial resonancia. Cada una de ellas ha sido elegida cuidadosamente para capturar un sentimiento o una imagen que no puede ser ignorada, que debe tomarse con el tiempo para ser comprendida en su totalidad.

Las palabras en **negrita** son claves, puntos de inflexión que marcan cambios, tensiones o revelaciones dentro de los poemas. Quiero que al encontrarlas pauses un momento y dejes que su peso se asiente en ti. Son huellas profundas de la emoción o del pensamiento que quiero compartir.

Por otro lado, *las palabras en cursiva* están diseñadas para invocar un tono más suave, para darles una cadencia particular o un eco que puede invitarte a reflexionar más lentamente. Son indicios de lo que puede estar oculto en el subtexto, lo que no siempre se puede decir con claridad, pero que se siente profundamente. Hay veces que escribiría millones de palabras y éstas explican mucho mejor, de alguna manera, al final. Déjate guiar leyendo entre líneas, entendiendo más allá de lo explícito y descubriendo lo oculto.

A través de estos recursos tipográficos[xix], mi objetivo es enriquecer tu experiencia de lectura, proporcionándote señales visuales que te ayuden a conectar con los momentos más significativos y a explorar más profundamente los temas que cada poema presenta.

Se trata de lo que está dicho y, también, de cómo resuena lo no dicho, lo que se oculta en las sombras de las palabras "mas interesantes" o destacadas.

B

de

la

CADENCIA

*T*E INVITO a leer este libro sin prisas, a permitir que cada palabra y cada verso se asienten en ti. No necesitas seguir un orden rígido; las secciones están pensadas para ser exploradas como una experiencia personal, una invitación a mezclar pensamientos y emociones, a dejarte llevar por lo que cada palabra te susurra en su momento.

Es un libro que, como un río, fluye de diferentes maneras dependiendo del estado de ánimo con el que lo leas. Permítete navegar entre las secciones de forma libre, sintiendo los cambios de tono y de color. No te preocupes por seguir un recorrido lineal; más bien juega con el ritmo, siéntete libre de saltar de una parte a otra, según lo que te evoque cada verso.

Es posible que encuentres versos o estrofas que resuenen más profundamente en ciertos momentos. Si es así, te animo a subrayarlos, a anotarlos, a compartirlos, a dejar que esos versos se queden contigo. Quizás una estrofa te haga pensar en algo que no habías considerado antes, o te conecte con algo en tu interior que ni siquiera sabías que estaba ahí.

Cada palabra tiene su tiempo y su espacio, y te invito a estar presente en el momento de la lectura, a sentir la vibración de las palabras y cómo se tejen en tu propia experiencia.(xx) No hay prisa. La belleza de este viaje está en cómo se sienten las palabras: en cómo, al leerlas, encuentras algo que tal vez no sabías que buscabas.

Mi música es parte integral de mi identidad artística y una compañera constante en la creación de estos poemas. En este libro, encontrarás códigos QR que te llevarán a piezas musicales que he compuesto y escuchado mientras escribía. Estas melodías no son imprescindibles para disfrutar de la lectura, pero creo que pueden añadir otra dimensión emocional a los versos, permitiéndote ahondar en el sentimiento y ritmo que los inspiraron. Es una invitación abierta a explorar y conectar de una manera más íntima con la esencia de esta obra.

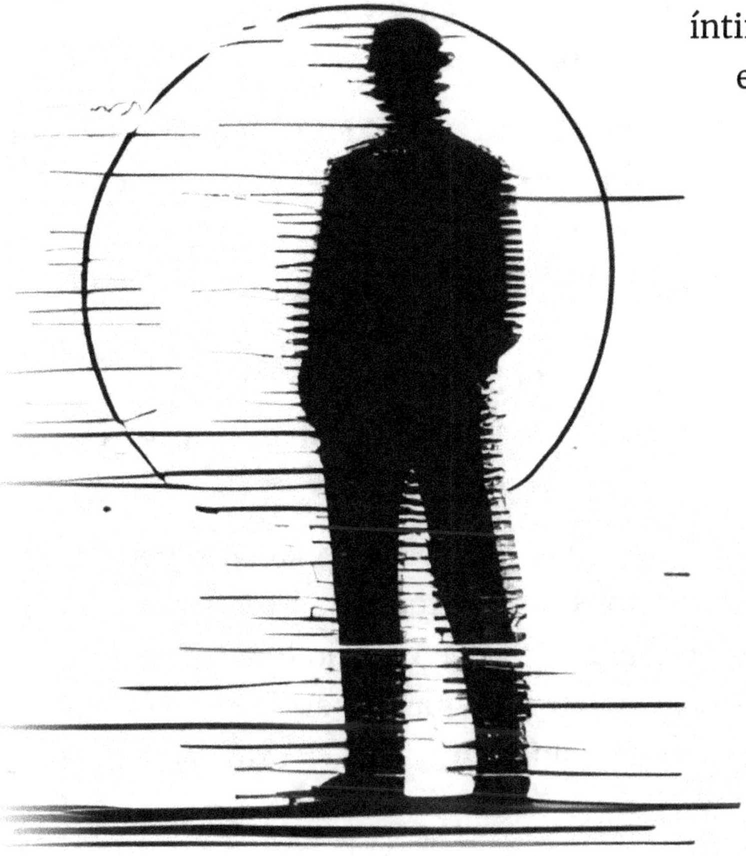

El idioma en transformación

Nota sobre el lenguaje inclusivo

EL CASTELLANO, como muchos otros idiomas, ha tenido una larga tradición de utilizar el género masculino como forma genérica para referirse a grupos que incluyen tanto a mujeres como a hombres, como en el caso de "ellos"[xxi]. Esta convención, profundamente arraigada en nuestra lengua, ha comenzado a evolucionar en los últimos años, reflejando un cambio social hacia una mayor inclusión y visibilidad de las diversas identidades y experiencias.

Personalmente, estoy observando y reflexionando sobre esta transformación, permitiéndome explorar cómo puedo integrar estas nuevas formas de lenguaje en mi día a día y en mi poesía. Aunque aún me encuentro en un proceso de aprendizaje y adaptación, creo en la riqueza que aporta este cambio al idioma, convirtiéndolo en una herramienta más inclusiva y representativa de la diversidad humana.

En este libro he intentado mantener un balance entre la tradición y esta evolución, respetando tanto la estructura del lenguaje como el espíritu de cambio que lo impulsa. Espero que este esfuerzo dialogue con el lector y contribuya, aunque sea de manera humilde, a esta conversación en constante crecimiento.

Parte Dos

Desconocidos

Hay personas que caminan entre nosotros
envueltas en un **misterio profundo**, como si una
bruma invisible cubriera sus pensamientos y
emociones. Sus miradas guardan
secretos que escapan a la lógica
cotidiana y sus palabras, a
veces escasas o
entrecortadas, apenas
dejan entrever
fragmentos de un mundo
interior que no alcanzamos a
comprender. Nos desafían a mirar
más allá de las apariencias: a abrir la
mente y el corazón a lo desconocido.
En ese **intento** por entenderles,
descubrimos también nuestras propias
limitaciones y el inmenso poder de la
compasión.

Viajero de la Bruma

En el jardín donde todo florece
bajo cielos de un azul profundo
las almas danzan en un vaivén sutil
tejiendo sueños en el hilo del mundo.

Las corrientes del río, sabias y calladas,
susurran secretos de un tiempo sin fin;
mientras las estrellas, en su danza dorada,
dibujan caminos que no podemos seguir.

Oh, viajero de la bruma y el viento,
¿acaso ves la luz en el ocaso?
Cada sombra que se alza, un misterio,
cada rayo de sol como el abrazo escaso.

Las montañas, guardianas de lo grande
cantan en lenguas que el alma expande.
En el eco de su voz un susurro
de lo que somos y lo que es oscuro.

Las flores del alma, en su esplendor,
se abren a mundos que no podemos tocar
y en el silencio profundo de su fragor
esconden verdades que nos hacen temblar.

Allí, en la danza de lo inasible
nos encontramos, perdidos y hallados;
en la búsqueda eterna de lo invisible
donde el amor y el miedo son siempre
      aliados.

En el jardín donde el loto f l o r e c e
cada ser es un verso, un canto, un destino...
y aunque a veces nos falte la fe
en la unión de las almas,
      hallamos el camino.

¡Oh! viajero de la bruma y el viento,
¿acaso ves la luz en el ocaso?
Cada sombra que se alza ¡un *misterio*!:
cada rayo de sol como el abrazo escaso.

Las montañas, guardianas de lo grande,
cantan en lenguas que el alma expande.
En el eco de su voz, un susurro,
de lo que **somos** y lo que es oscuro.

CONVERSACIONES CON LA BRUMA

El Navegante del Cambio

Confianza en el camino;
respetando el andar,
cercano.
Vínculo profundo.[1]

El Hermano del Camino

Círculos rotos;
la ayuda nace
adentro;
dolor que atrapa.[2]

[1] Ver respuesta al **papel que juega la confianza en las relaciones** en p. 94.
  —*El Navegante del Cambio.*

[2] Ver reflexión sobre **barreras personales y su impacto** en p. 104.
  —*El Hermano del Camino.*

Saturación de Tormentas

Las emociones que superan los cuerpos. (xxiii)

Hay dolores que se escapan,
que *desbordan* las paredes de la piel
y se lanzan al aire y, visibles,
    rompen el silencio;
esas emociones que vibran:
    gritos plenos
en el abismo
de una mirada.

Cuerpos pequeños para cargas inmensas
en saturación de tormentas
 y olas que golpean, sin tregua,
    desde **dentro**...
   Como si el corazón fuera océano bravo
    y no latido.

   Se escurren las palabras en la apatía,
    no alcanzan para lo que arde
      por **dentro**.
    Esas llamas que no caben
    en un suspiro,
     ni en un grito,
      ni en la paz de los sueños.

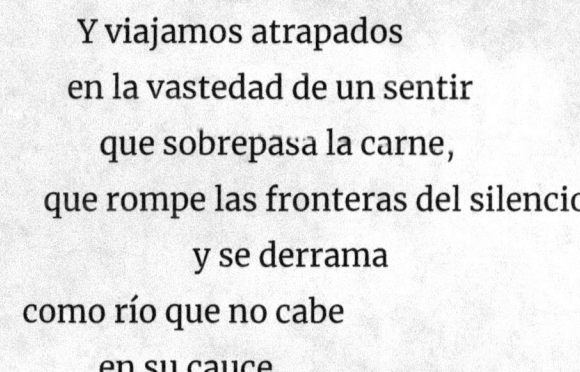

Y viajamos atrapados
en la vastedad de un sentir
que sobrepasa la carne,
que rompe las fronteras del silencio
y se derrama
como río que no cabe
en su cauce.

Emociones sin forma, sin límite,
sin peso,
que llenan los rincones que el cuerpo
no puede;
se vuelven susurros, se vuelven desvelos,
habitan en sombras,
en fuego,
en piel.

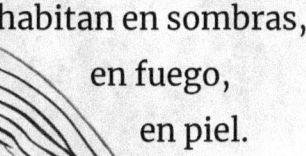

CONVERSACIONES CON LA BRUMA

La Guardiana del Silencio

Un grito callado...
la lucha
en ojos claros
espera un alba.[3]

El Hermano del Camino

Manos ausentes: desatendidos;
la carga pesa
y no sabemos más;
grito por lo estable.[4]

[3] Reflexión materna sobre *los desafíos emocionales enfrentados por una hija* en p. 113. —La Guardiana del Silencio.

[4] Reflexión sobre *el apoyo necesario en salud mental* en p. 106. —El Hermano del Camino.

Ecos de un Mundo Inaccesible

Hay quienes yacen en jardines de niebla
donde el cielo es un susurro que no cesa
y los caminos son sueños abiertos
que otros ojos jamás cruzarán.

Allí el sol no es esfera ni llama;
es una danza sagrada en la quietud
como si los astros fueran latidos
de un silencio que sólo *ellos*
comprenderán.

Atraviesan senderos sin bordes,
donde el tiempo es
un río inmóvil.
Y las piedras cantan
antiguos nombres
que nadie más puede escuchar.

Son los hijos de un pulso invisible:
habitantes de lo eterno en lo efímero;
y llevan, en sus manos, la huella
de un cielo que sólo *ellos* existe.

Nosotros, desde esta orilla distante,
vemos sombras de su verdad encendida
sin comprender el templo secreto
que florece de su espacio sutil.

Quizás sean guardianes de una vasta albufera
—que, en calma insondable, no precisa
de palabras—
observándonos, barcas de barro:
sólo rozando su epilimnion.

A veces dejan tras de sí huellas de aire:
destellos fugaces en sus miradas de bruma
como si un misterio apenas asomara
dejando un rastro etéreo del que desistimos.

Y es entonces cuando **siento** la ausencia
como una sombra que flota en el viento;
como si el mundo perdiera sus bordes
y nos encontráramos al filo de otro reino.

No es temor lo que despiertan
sino un anhelo profundo:
la sed de tocar ese espacio sin nombre
que en ellos se abre como un cielo de espejos.

Quizás, en alguna vida distante,
cruzamos la misma corriente invisible;
quizás compartimos la misma senda oculta
que ahora apenas rozamos en sueños.

Pero ellos ya no pertenecen al mismo tiempo;
han visto el reflejo de un mundo sagrado
donde lo eterno se mezcla en el instante
y su verdad danza: libre, desnuda.

Y nosotros, aún *atrapados en sombras*
solo podemos rendirnos en silencio;
contemplando desde esta orilla opaca
ese eco de un mundo inaccesible.

CONVERSACIONES CON LA BRUMA

El Viajero Inquebrantable

No soy tragedia;
soy vida con horizonte
¡incluye mi voz![5]

El Navegante del Cambio

Voces unidas:
comunidad que abraza;
¡crece el mañana![6]

---

[5] Reflexión sobre *inclusión y accesibilidad* en p. 109. —*El Viajero Inquebrantable.*

[6] *Estrategias para mejorar servicios públicos* en p. 93. —*El Navegante del Cambio.*

Lenguaje sin Palabras

Hay emociones que alzan paredes
como si la dicha o el dolor fueran
secretos,
como si el mundo no pudiera contener
lo que *se arrastra* en silencio
por nuestras venas
como un río oculto.

La niebla que emana de ese riachuelo
nos indica felicidad, tristeza
—ecos que se *desbordan* en la mente,
que resuenan tan fuerte
que **no hallan cabida en palabras**—

Y entonces **queda la música**:
el eco de algo antiguo,
el susurro de un acorde
que cuenta **lo que la voz no alcanza**.

Y entonces queda **el color** que habita el aire:
pinceladas de luz que se mezclan en sombras
—como si el espacio mismo respirara
y todo lo que toca se convierte en historia.

Las textuas, suaves o rugosas,
entrelazándose en el ambiente
como un tacto que se puede ver:
un diseño *secreto* de la vida misma.

En el interior de las habitaciones
—en esas emociones—
el alma *se expande*, se recoge,
        se encuentra...
porque cada textura, cada línea y el sonido
son una invitación a descubrir
quién somos en los pliegues de lo material,
en el crisol de lo visual y lo táctil:
en la creación de un refugio.

En el interior de las habitaciones
el alma se encandila con la belleza
como si la dicha o el dolor fueran
        secretos...
El espíritu *se expande* en su esencia,
se recoge en su verdad,
se difunde desde su luz eterna.

Cada textura, cada línea, cada sonido:
manifestaciones de "la" divino
invitándonos a descubrir
quién somos más allá de lo material
en la *danza* de la conciencia,

en el crisol sagrado
de lo visual, lo táctil y lo sonoro.

Es la creación de **un refugio**
—un espacio donde la belleza
se revela—
donde **la luz de lo sagrado ilumina**
a la persona y a la forma,
conmemorando nuestra conexión con
la
infinito
y la **armonía** de todo
lo que es.

A veces *duele* tanto
no poder decir...
a veces ahoga lo que vive encerrado,
como si los pensamientos fueran
un mar sin orilla
u olas que suben y bajan en *la marea*
sin descanso, sin pausa, sin piedad.

Ese mar también requiere de brújula
—la *chispa de ideas* que ilumina el abismo—,
la fuerza de una mente que busca respuestas
cuando el mundo da la espalda
y los doctores callan.

Es esa misma mente la que
     nos da
         el refugio,
la que —aun en su caos—
     guarda el mapa *secreto*
de cómo seguir adelante, de cómo
     t r a n s f o r m a r
los fragmentos
         de lo inefable en palabras,
     en notas,
         en líneas de un poema
que alguien —en alguna parte— podrá
     e n t e n d e r.

Es el lenguaje del **silencio**:
un puente
     invisible
         entre
         almas que sienten,
que escuchan el eco
     sin p r o n u n c i a r nada
y que **encuentran**,
     en ese espacio sin sonido,
la verdad que vive
     más allá de las palabras.

Encuentro

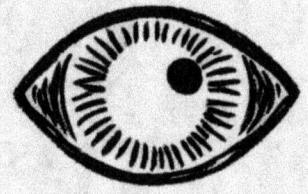

Reflejos en la Niebla

Hay **encuentros** que suceden en silencio: cuando dos almas se acercan y logran ver más allá de las palabras —en ese espacio sutil donde habitan los ecos de todas las cosas. En esos momentos la barrera entre mundos se disuelve y lo que parecía ajeno revela —si tenemos suerte— su semejanza con todo lo que conocemos al respecto. Dos miradas se encuentran y, por un instante, **lo invisible cobra forma** como cuando un río conecta dos orillas distantes.

Este es el misterio de la conexión: el puente tendido hacia el otro —por esfuerzo o por suerte— permitiéndonos explorar lo desconocido hasta que resuene en nosotros. En cada intento por comprender yace un espacio de quietud y escucha donde el juicio cede paso a la noble **aceptación**. Aquí, las diferencias no son barreras, sino claros que se manifiestan, trazando rutas invisibles hacia la **esencia compartida**.

ESCANÉAME

Cada acercamiento es una danza de sombras y luces donde se reconocen las heridas y la ternura oculta en lo extraño. Es un viaje hacia lo profundo, una búsqueda paciente de aquellos fragmentos perdidos que, al encontrarse y sorprendernos en nuestra inocencia, **iluminan**.

Aguas Desbordadas

Hay un sentir que no cabe en las manos,
que se expande y crece
—sin límite ni razón—
como un río que ignora contención
y arrastra cuanto encuentra
en su derramo.

Es un murmullo incesante, abisal:
una corriente que nace en silencio
y, al tocar la piel de otro,
se convierte en marea imposible de
frenar.

Intentamos contenerlo en palabras,
dibujarle orillas, trazarle fronteras...
pero el latido es vasto y desbocado
y en su crecida arrasa las barreras,
llevándose por delante
las formas **y** lo acordado.

En cada encuentro un desliz de tormenta:
un límite que se fracturó
dentro del puño empecinado.
Nos miramos a través
de aguas violentas
sin saber si flotamos
o nos hemos ya ahogado.

Y somos solo dos
islas *distantes*
en la inmensidad
de lo no revelado:
dos cuerpos rodeados
por ondas errantes
que nos acercan
y nos dejan varados...
en el flujo inabarcable
de todo lo que sentimos
y callamos.

... relaciones al influir, consciente o inconscientemente, en quienes nos rodean.

Conversaciones con la Bruma

El Navegante del Cambio

Puentes tendidos;

empáticamente iluminados;

todos cabemos.[7]

El Viajero Inquebrantable

Sueños que alzan luz,

mi paso rompe cadenas,

cambio despacito.[8]

[7] Ver respuesta sobre *integración y apoyo comunitario* en p. 115.
—*La Guardiana del Silencio.*

[8] Reflexión sobre *inspiración y resiliencia* en p. 110. —*El Faro de las Calles.*

A la Orilla del Fuego

Cuidar es quedarse
al borde
del fuego: (XXVII)
consumirse en un flameo
de llamas *sagradas*
que no permiten ruego,
que incendian sin pedir perdón ni tregua
—esos destellos innombrados—
que viven en sus almas, vastas y *secretas*.

Las sombras de miedos y deseos se funden,
danzando en el resplandor tenue de lo no
dicho, mientras las brasas (XXVI) revelan secretos
que solo la quietud de la noche entiende.

Es un andar en silencio, una entrega
         sin   forma,
como las olas que siguen el canto de la marea;
ellos son luz   y   a b i s m o^(xxviii)
—verdades en su talud
         que no caben en palabras—
que a r r a s a n fronteras de
         quienes
                  tienen
                           cerca.

Hay días en que son dioses dormidos,
envueltos en la niebla de mundos lejanos;
y otros en que la tormenta *despierta*
y sus ojos son océanos que traspasan toda orilla:
un remolino de *fuerzas indomables*.

Nosotros, centinelas de lo inabarcable,
caminamos al filo de lo que es y no es,
sintiendo sus mundos fluir como mantras,
como el aire etéreo que recita su canto
—y nos pide, sin palabras, no soltar sus manos.

Y, aunque no podamos tocarlos
ni navegar sus profundidades aguerridas,
¡sabemos! que somos islas cercanas
en el insondable océano de lo no dicho;
¡sabemos! somos partículas entrelazadas
en el campo cuántico del silencio
donde lo no dicho se superpone
en estados de probabilidad infinitos;
¡sabemos! que somos notas cercanas
en la melodía evasiva del silencio
donde lo no dicho vibra entre suspiros
y se disuelve en el flujo del ritmo eterno;
donde **el amor no es forma ni límite, sino
verdad sostenida.**

Quedamos a su lado como el sol ante el loto:
siguiendo el ritmo invisible de su ser
y permitiendo que ardan y calmen
—que sean fuego y agua—;
que nos crucen, como un eco en el viento, roto.

Quedamos a su lado como ondas en frecuencia:
siguiendo el ritmo cuántico de su ser
permitiendo sus estados y su entrelazamiento
—partículas en cambio perpetuo—;
en la resonancia, el siguiente paso y la paciencia.

Quedamos

Cuidar es sentarse al borde del fuego,

dejar que las llamas te cerquen, sin ruego;

—son *ellos*: vidas que arden sin medida,

almas sagradas que la sombra no olvida.

Cada paso es entrega al silencio: un pacto
        sin voz;
es verles caminar entre sombras y cielos
donde la razón no penetra.
Son abismo y estrella:
verdades crudas que desbordan toda razón.

Hay días en que son semidioses quebrados
envueltos en un hálito
        ajeno y profundo;
otros, son tormenta sin tregua
        contra este mundo
y sus ojos, océanos que **arrasan**
todo lo que fuimos,
        dejándonos mudos.

Nosotros, quienes sostenemos
        su   ...   mundo,
sabemos que no hay guía en este umbral
donde el amor se convierte
        en devoción ciega,
donde la fe es quedarse —sólo quedarse—
como una estrella en la oscuridad sin fin.

 No podemos tocarlos,
no podemos sanarlos
pero somos la **orilla**
        donde rompen sus aguas,
el **ancla** que en su tormenta se hunde
con intención de negarnos a soltarlos.

Así quedamos: **temblando y enteros**

siguiendo el pulso invisible de sus mundos;

mientras ellos arden, se rompen,

se excitan y duermen...

y en esa quemadura callada

nos volvemos uno.

Así quedamos:

temblando y a pedazos

siguiendo el pulso oculto de sus senderos;

mientras ellos arden, se rompen, nos duelen

y se van...

y en esa llama callada

nos fundimos,

sin más.

CONVERSACIONES CON LA BRUMA

El Faro de las Calles

En tierras fértiles, de cultivo,
un martes guarda su ausencia;
ecos de gratitud.[9]

La Guardiana del Silencio

Tristeza en los ojos;
mi calma invoca el amparo;
fuerza en conocernos.[10]

[9] Historias marcadas por *vínculos y gratitud* en p. 120. —*El Faro de las Calles*.

[10] **¿Cuáles son algunos de los momentos más dolorosos para ti al ver a tu hija sufrir, y cómo encuentras fuerza para seguir apoyándola?** Respuesta en p. 116. —*La Guardiana del Silencio*.

Lo que Vemos en el Reflejo

Vemos lo extraño
            y desviamos la mirada
como si el reflejo torcido
            nos asustara;
**como si aquello que no entendemos
            fuera un borde cortante...**
pero esta vez de sombra, que rehuimos,
            sin —en realidad—
                        ver.

Ellos, los "otros" —los que hablan,
            visten o, incluso, miran distinto—
caminan **como sombras
            en nuestras ciudades de luz**,
como notas errantes en la
            melodía uniforme
que tejemos con nuestras
            miradas sin eco.

Esos ojos, esos gestos
            que no encajan,
que no caben en el *molde*
            de lo que aprendimos
                        a llamar "normal"
quedan como los bordes
            de un país sin nombre
—rincones donde la voz
            se desvanece.

Y **ellos nos sienten
aunque no hablemos**;
saben de nuestro silencio que los pesa;
de cómo los dibujamos
con líneas quebradas,
cómo sus pasos resuenan más pesados
sobre el suelo hacia donde
todos volvemos como iguales.^(xxx)

En su pecho arde un fuego secreto
de paisajes que pocos veremos,
de **palabras que no se aprenden
en ningún libro**
y, aun así, tiemblan de ser vistos
—he aprendido—
como formas incompletas;
como reflejos rotos, creo yo.

Pero ellos son mundos completos;
satélites que b r i l l a n en órbita
de transferencia geosíncrona,
tan enteros en su extrañeza,
**tan completos en medio
del espacio sin fin**.

Solo falta que les veamos
—sin apartar la mirada—
y seamos, también nosotros,
**un poco menos
incompletos**.

CONVERSACIONES CON LA BRUMA

El Faro de las Calles

Historias únicas;
no encasilles, observa:
vidas por sanar.[11]

La Voz del Vínculo

Acceso a la sociedad:
un propósito útil para todos.
valor y plenitud.[12]

El Hermano del Camino

Reflejo roto;
mi sangre y mi sombra luchan
¿quién soy al verte?[13]

---

[11] Para **desmantelar estigmas con empatía**, consulta p. 120. —El Faro de las Calles.

[12] Reflexión sobre **inclusión y accesibilidad** en p. 152. —La Voz del Vínculo.

[13] Para explorar **el eco de la impotencia compartida**, véase p. 105.
   —El Hermano del Camino.

CONVERSACIONES
CON LA BRUMA

El Navegante del Cambio

*Sopa y cuchara;
un mundo nuevo brota
en sus dos manos.*[14]

El Viajero Inquebrantable

*Al relacionarnos
nos falta la educación
que nos acerca.*[15]

---

[14] Para ver una reflexión sobre *la satisfacción ante el progreso de otros*, véase p. 95. —El Navegante del Cambio.

[15] Ver *el impacto de la empatía en la inclusión* en p. 109. —El Viajero Inquebrantable.

Vínculos Rotos

Hay **relaciones que arrastran su peso**
como sombras que se niegan a partir;
y, aunque intentemos abrazarlas,
su c a r g a se vuelve insoportable.
Son **lazos viciados**,
colmados de silencios y palabras no dichas:
gestos vacíos, promesas rotas
que se erigen como muros implacables.

La incapacidad de convivir con ellas
grita en el pecho:
un desgarrón que no encuentra alivio
en la calma de lo que fue.
Tratamos de seguir, de sonreír...
pero el aire se vuelve espeso:
como si **cada día añadiera más peso**
a una c a r g a imposible de desasir.

En estas relaciones la confianza se disuelve;
la comprensión se desvanece
y solo queda la sombra
        de lo que pudo ser:
                un eco apagado
como un suspiro que se pierde
        en la distancia.

Es la incapacidad de respirar,
de existir en un espacio
      donde **el veneno**
            se mezcla con la esperanza;
y, cada intento de sanar,
      abre una herida
         más profunda.

Luz
en la Bruma

Mientras muchas voces que llegan al oido de la emoción a menudo parecen esencialmente desconectadas y lo desconocido despierta distancias y murallas invisibles, el enfocarse en la compasión se convierte en un acto de profunda transformación. La aceptación de la diferencia, lejos de ser una simple tolerancia que nos conforta en el altruismo, es una invitación a expandir nuestra percepción, a reconocer la humanidad en todas sus formas, aun cuando éstas escapan a nuestro entendimiento.

Este viaje hacia la compasión es, también, una posibilidad de apertura a esos momentos de claridad que bien sabemos que nos llegan —con suerte— inesperados, como destellos de meteoritos que atraviesan la niebla, y nos revelan oportunidades —antes desconocidas— de comprensión. Son instantes donde miramos a otros y, durante el transcurrir de un breve latido, entendemos algo que trasciende palabras y gestos; algo que afirma que, en lo profundo, buscamos un lugar en el que nuestras peculiaridades sean, así mismo, bienvenidas.

Cada diferencia, en la empatía, es una enseñanza sobre el potencial de la experiencia humana, y me recuerda que la verdadera comprensión habita en el acto de **abrir el corazón**.

La compasión y la aceptación de la diferencia son puertas que nos abren a una verdad más profunda: *todos estamos conectados*. Al recibir las experiencias que no entendemos del todo, encontramos reflejos de una esencia común que vive en cada persona, aun cuando se revele de maneras diversas.

Cuando miro lo que me resulta distinto, con esta conexión en mente, me llega una **claridad interior**. Aprendo a ver más allá de la superficie y a sentir que cada ser tiene un propósito, una razón que le da sentido. En estos momentos de empatía, me doy cuenta de que la verdadera sabiduría está en recibir al otro como parte de algo más grande, como un reflejo de aquello que también habita en nosotros.

Creí que te conocía

Creí que te conocía,
que tus silencios
eran míos,
que tus risas
guardaban mis ecos,
que tus ojos reflejaban historias
que solo yo entendía.

Te vi en tus gestos, en tus palabras...
pero luego llegaron otros
que en tus caminos
han dejado huellas que yo nunca vi;
que en tus sombras han encontrado luz
donde yo solo veía oscuridad.

Ahora me encuentro con ellos,
quienes te han descifrado
en esos rincones que se me escaparon,
en esas angostas grietas
donde tu alma susurraba secretos
que yo, al parecer,
no supe escuchar.

Y siento, con una mezcla
　　　de asombro y pena,
aunque creí conocerte tanto
—y hubo otros que te descubrieron
en formas que yo no imaginé—,
**la pena de no haberte disfrutado
　　　cuando estabas.**

Y veo, entre recuerdos
　　　y rostros nuevos,
que **te sigo buscando en mí...**
mientras ellos
　　　te llevan por siempre
un paso más allá
　　　de lo que te pude conocer
　　　　　jamás.

CONVERSACIONES CON LA BRUMA

La Guardiana del Silencio

Luchas invisibles;

marginación

y corte de alas;

silencio al pesar.[16]

El Faro de las Calles

Bajo el frío cielo

buscan miradas

que abriguen;

sin voz, sin refugio.[17]

[16] Ver **la marginación de quienes luchan contra lo invisible y complejo** en p. 114.
   —*La Guardiana del Silencio.*

[17] Para reflexionar sobre **la importancia de la conexión humana**, véase p. 121.
   —*El Faro de las Calles.*

CONVERSACIONES CON LA BRUMA

El Viajero Interior

Libre rutina;

me amo

en cada paso.
Noche y mañana.[18]

La Voz del Vínculo

En duelo oscuro
brotó su fuerza,
leve
flor en invierno.[19]

[18] **Para reflexionar sobre** *cómo transformar la rutina en libertad,* consulta p. 135. —*El Viajero Interior.*

[19] *¿Qué permanece cuando todo parece perdido?* Véase p. 151. —*La Voz del Vínculo.*

Para contar conmigo

Ahora que el dolor ya no te abruma;
ahora que abres ventanas al sol
y, al respirar profundo —y suavemente—,
encuentras tu pecho lleno de paz;
ahora que al acompañar encuentras
—como un hilo invisible
      que tira de tu pecho—,
más fácilmente *la compasión*...
algo en ti acapara el sentimiento, aún,
      quedándose enganchado a lo que fue.

Conecta con esa parte de ti que se aferra,
conecta con el susurro que dice "mío",
guardando lo que ya perdió su peso.
Tu pecho: un lago sereno donde
      caen piedras,
las huellas de juegos que desdibujan
      el agua;
se alzan ondas fugaces y superficiales
y, al final, cuando el silencio vuelve,
la paz revela lo que en el fondo yace.

Con dejar ir sientes valentía;
con liberar temes desbordarte;
con esconder dentro
te inundas en su salida.
Tu dejas que se revele
      el temor;
tu espacio, tal cual es —en su pureza—,
que sea, tal como
      debe ser.

Tú sanas, sí, ¡sánate!
porque sabes que esos son
      ecos del pasado
—las huellas de lo que se fue—
y eres capaz de sonreír sin ellos:
de vivir plenamente
      sin eso y sin nada en absoluto.

Amor para contar conmigo,
amor de tantos que te quieren bien,
que el amor no depende de lo que se pierde,
sino de lo que se descubre —el misterio—,
y que, en este momento,
      todo lo que necesitas
        ya está en ti.

CONVERSACIONES
CON LA BRUMA

El Faro de las Calles

Respeto al viento;
escucho
sin forzar...
Libre en su tiempo.[20]

La Voz del Vínculo

Paciencia y calma...
Crece la comprensión.
Luz en la diferencia.[21]

[20] **¿Cómo fomentar la autonomía mientras se ofrece ayuda?** consulta p. 119.
—*El Faro de las Calles.*

[21] Para entender ***cómo la paciencia transforma las relaciones***, consulta p. 147.
—*La Voz del Vínculo.*

Viajero de la Bruma

La Paz del Silencio

Si quieres arroparte de tu sentimiento
te invito a descubrir —a ver—
que ese vacío, en realidad, eres tú.

Ese agujero de silencio,
ese umbral inquietante de lo ignoto
donde mucho antes danzaban brumas,
nubes y la noche
agitándote con su eco
ya no tiene poder:
ya no puede
atraer tu atención, ni para jugar.

¿Qué queda
    ahora?
¿Qué significa
    este mutismo sin amparo?

Quizás un "sin nombre"

se convierte en tu apellido y aurora...

Quizás —en tu deseo de ser libre—

encuentras tu verdadera identidad

por lo que antes parecía vano.

La niebla es de agua:

      pequeñas gotas de agua

            suspendidas

                  en el aire;

¿la *oscuridad*?

      ¡solo ausencia de **luz**!

Lo que llamas "soledad" es un amigo lejano:

¡tan pequeño! que forma

una especie de vapor visible

creando esa atmósfera difusa y suave

que caracteriza a la niebla.

Lo que llamas "viaje" no es si no

un paso en la danza:

¡un abrazo del tiempo y el espacio!

—como una pluma al viento cósmico—

deslizándose en un vaivén eterno.

La luz se curva, el tiempo se pliega...

cada paso es una eternidad

que fluye en la órbita

de nuestra estrella madre

en una coreografía sin fin,

donde todo sigue el ritmo del universo.

Y ¡sí! busca —claro—, ¡busca!

Busca todo pero ¡**encuentra**!

También **encuentra** porque esta **paz**,

con sabor a silencio,

también te pertenece.

CONVERSACIONES CON LA BRUMA

La Voz del Vínculo

El arte fluye:
abrazo en cada trazo;
voz sin palabras.[22]

El Viajero Interior

Silencio profundo.
Respira la paz en mí.
Flotar sin querer.[23]

El Abrazo de la Empatía

Escuchar el alma.
Buscar la luz en otros,
ser útil, al fin.[24]

[22] Reflexión sobre la utilidad de las *actividades creativas* en p. 153.
—La Voz del Vínculo.

[23] *¿Qué papel puede jugar la naturaleza en el equilibrio emocional?* Ver p. 131.
—El Viajero Interior.

[24] **Para entender** *cómo el bienestar personal se vincula con ayudar a otros,*
ver p. 129. —*El Abrazo de la Empatía.*

Sonrisa de Ángel

Mañana, cuando leas éste,
que tu sonrisa sea

tan grande

como las estrellas,

que al ver el gris de la niebla

entiendas

que es solo tiempo pasajero:

un timón,

no un ancla.

Haz de tu momento un canto

y, al desayunar, con este verso

en tu regazo

siente cómo el universo

se saborea

como un suspiro bajo tus alas

de ángel redimido.

CONVERSACIONES
CON LA BRUMA

El Abrazo de la Empatía

Melodías suaves,
al compás de la calma
la paz florece.[25]

El Faro de las Calles

Arte como puente,
voz en el silencio,
luz en el camino.[26]

La Voz del Vínculo

Redes de apoyo;
caminos compartidos;
luz en el sendero.[27]

[25] *¿Cómo la música se convierte en un refugio emocional?* Véase p. 128.
—El Abrazo de la Empatía.

[26] *¿Cómo el arte y la creatividad ofrecen un propósito renovador?* Ver p. 125.
—El Faro de las Calles.

[27] *¿Cómo las asociaciones mejoran la calidad de vida?* Respuesta en p. 150.
—La Voz del Vínculo.

Ciclo del Viento

Voy a encender el ciclo del viento
cuando el eco de mis lágrimas
      se apague;
estar contigo es **recibir el regalo**
de mantener mi ausencia
      como presencia
para que, en la quietud del tiempo,
juntos encontremos
      la paz que ya nos pertenece.

En los pliegues del olvido los recuerdos
      descansan
como prendas al sol: limpias,
      libres de su peso;
y en cada paso, hacia el templo interior,
renacen las fuerzas
      que nos conectan al todo:
que nos humanizan
y nos liberan
      en el abrazo del eterno presente.

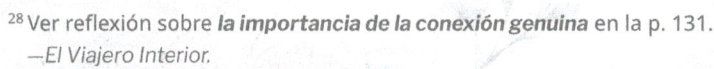

CONVERSACIONES CON LA BRUMA

El Viajero Interior

Sintonía clara
sin palabras
solo ser
puentes que sanan.[28]

El Viajero Inquebrantable

No estás solo ¡lucha!
En la oscuridad
brilla;
la fuerza renace.[29]

[28] Ver reflexión sobre *la importancia de la conexión genuina* en la p. 131.
—*El Viajero Interior.*

[29] Ver reflexión sobre *el poder de la autoaceptación y la fuerza interior* en p. 110.
—*El Viajero Inquebrantable.*

La Batalla Interior

La batalla real siempre
ocurre en la mente,
—se vence y fracasa en la mente—
se pierde en sus profundidades y
se libra en ella.

Para que brote la felicidad —que fluya—
no dejes que la fuerza bruta de la mente
se exprese en este terreno,
en este espacio de la bondad
y la calma como la del ojo
de las vacas mansas.

Ayuda,
con compasión,
sé feliz
y **encuentra**
la paz que
sana.

Encuentro

Respira y Sana

Respira profundo

Siente el aire en tus pulmones

Deja que te envuelva...

Que te limpie por dentro

Cada respiración

Un abrazo del viento

Soltando los pesares

Sanando los momentos

El tiempo se detiene

Cuando inhalas y exhalas

En cada exhalación

Encuentras la calma

Deja que el universo

Cure tus heridas

Sanando tu alma

Trayendo vida infinita

Respira

Respira

Coge fuerzas y sana

Siente cómo el mundo te abraza

Te llama

En cada latido

En cada aliento

Encuentra la paz

En el arte de respirar lento

Respira...

Respira...

Perdido en la oscuridad

Buscando la luz

Almas errantes

En medio de la noche

Ecos susurrados

Persiguiendo cada paso que doy

Anhelando consuelo

Por el bien de mi corazón

Respira

Respira

Coge fuerzas y sana

Siente cómo el mundo te abraza

Te llama

En cada latido

En cada aliento

Encuentra la paz

En el arte de respirar lento

En el susurro del viento,
se deslizan los anhelos,
cada suspiro, una melodía,
cada latido, un eco de vida.

En el silencio de la noche,
bajo el manto estrellado,
la brisa susurra secretos,
y el corazón, a solas, escucha.

Escucha...

Respira

Respira

Coge fuerzas y sana

Siente cómo el mundo te abraza

Te llama

En cada latido

En cada aliento

Encuentra la paz

En el arte de respirar lento

Respira...

Respira...

Respira...

Respira...

Parte Tres

Entrevistas

*En mis pasos por la niebla
encontré a quienes, con sus palabras,
encendieron faros.*

*Así, reuní sus voces,
tan claras como la luz
que rompe la oscuridad[...]*[xxxi]

—arielOṁ, "Danzas de Claridad".

Algunas de las voces y emociones presentes en estas entrevistas también habitan en los poemas de este libro. A través de conversaciones con personas de distintos ámbitos de la vida, exploro las mismas temáticas que inspiran los poemas: la invisibilidad, la exclusión, las oportunidades de apoyo, las diferencias y la conciencia de la dignidad humana. Estas voces aportan un contexto tangible a las emociones y reflexiones del libro, creando un espacio donde las historias —y su emoción— se entrelazan con el arte para iluminar la complejidad de lo humano y la posibilidad de transformación.

Las entrevistas presentadas en este libro son el resultado de conversaciones reales con profesionales que trabajan con personas sin hogar, personas con discapacidad o enfermedades mentales, y sus familiares. Para garantizar que las ideas y emociones transmitidas sean accesibles y claras para todos los lectores, he reescrito y adaptado algunas respuestas. Esta adaptación busca respetar la esencia de cada testimonio, manteniendo su autenticidad y profundidad, pero ajustando el lenguaje y la estructura para facilitar la lectura y el entendimiento. Las palabras pueden no ser exactamente las mismas que usaron los entrevistados, pero los sentimientos, experiencias y perspectivas reflejadas son fieles a sus historias.

Mi intención no es otra que hacer estas historias y reflexiones más universales, para que lleguen al corazón de quienes las lean.

Agradezco profundamente a todas las personas que compartieron conmigo sus vivencias, pues su generosidad ha sido un impulso esencial para hacer posible este libro.

Las opiniones expresadas en estas entrevistas pertenecen exclusivamente a los entrevistados. Para más detalles sobre el alcance de este contenido, consulta la advertencia incluida en la página de derechos de autor.

El Navegante del Cambio

ENTREVISTA A UN DIRECTIVO
DEL TERCER SECTOR(xxxii) DE ATENCIÓN
A PERSONAS
CON DISCAPACIDADES

Viajero de la Bruma

1 ¿Cuál es la filosofía detrás de los servicios para personas con discapacidad?

Antes de tener una discapacidad, eres una persona. Por eso, nuestro enfoque se centra en establecer servicios que permitan a las personas vivir de manera independiente y plena. Al empoderar a las personas en sociedad, hemos observado que esto contribuye significativamente a su realización personal.

2 ¿Qué se está haciendo para apoyar a estas personas desde una perspectiva institucional?

Las entidades sociales hemos creado centros ocupacionales, centros especiales de trabajo y otros espacios de acogida diseñados específicamente para personas con necesidades especiales. Estos esfuerzos han contado con el apoyo gubernamental y la inclusión de profesionales especializados.

Sin embargo, hoy en día enfrentamos un reto significativo: la administración pública se ha convertido más en una gestoría que en un espacio donde se planifica el futuro. Esto dificulta imaginar cómo deberían ser los centros de atención dentro de veinte años o diseñar estrategias a largo plazo que realmente beneficien a estas personas. Esta tarea de planificación y diseño debería corresponder a la administración pública, contando con la participación activa de todos los agentes implicados: entidades del tercer sector, profesionales, familias y las propias personas usuarias.

> ESTAS EXPERIENCIAS NOS TRANSFORMAN,
>
> AYUDÁNDONOS A VIVIR
>
> DE UNA FORMA MÁS CONSCIENTE
>
> —EL NAVEGANTE DEL CAMBIO

3 ¿Cómo ha evolucionado la atención hacia las personas con necesidades especiales?

El primer gran paso fue cuando se comenzaron a crear centros y recursos que permitieron a las personas con discapacidad salir de sus entornos cerrados, principalmente gracias a la iniciativa de familiares que fundaron entidades específicas. Desde entonces, se ha trabajado por integrar estos servicios en la sociedad, haciendo énfasis en la participación y el respeto hacia quienes los utilizan.

Ha habido una transición clave de la mera asistencia hacia el empoderamiento. Esto ha exigido un cambio en el enfoque de los propios profesionales. Ahora es esencial escuchar más a las personas con discapacidad y considerar sus opiniones. Además, se trabaja en equipos multidisciplinarios donde cada profesional aporta su especialidad. Las decisiones se toman de manera conjunta, incluyendo también la voz de las familias. Este enfoque colaborativo ha jugado un papel crucial en transformar nuestra práctica.

4 ¿Qué estrategias y procesos destacan en la gestión de entidades para personas con necesidades especiales?

En este ámbito, adoptamos procesos y enfoques del sector privado cuando es necesario, como la contratación de consultores externos para proyectos específicos o la implementación de formación continua. No podemos quedarnos anclados; tanto el mundo de la discapacidad como el resto de la sociedad están en constante evolución, y los profesionales, ya sea en el sector público o privado, deben adaptarse a estos cambios.

> *TRABAJAR CON ESTAS PERSONAS NOS ENSEÑA MUCHO, ESPECIALMENTE A NIVEL EMOCIONAL*
>
> —EL NAVEGANTE DEL CAMBIO

A nivel estructural, gestionamos entidades grandes con presupuestos significativos, que abarcan servicios como escuelas especiales, educación precoz en niños de 0 a 6 años[xxxiii], soporte para la integración laboral, centros de día, pisos con soporte social y clubes sociales para personas con necesidades especiales. Muchas de estas entidades han ampliado su alcance para incluir a personas fuera de su propósito original, respondiendo a nuevas necesidades sociales.

Intentamos mejorar continuamente de diferentes maneras, hasta visitamos otros países para aprender cómo enfrentan estos retos, observando modelos que puedan inspirar nuestras propias acciones. Por ejemplo, hay entidades que no solo atienden a personas con discapacidad o enfermedades mentales, sino también a personas sin hogar o inmigrantes en situación de vulnerabilidad. Existen organizaciones que ofrecen acogida mínima de un año, enseñando aspectos esenciales del país como el idioma y las tradiciones, hasta que las personas logran independencia.[xxxiv]

Además, considero fundamental que las entidades públicas ofrezcan programas para facilitar la integración laboral. Muchas veces, estas personas encuentran empleo en sectores donde hay gran necesidad de personal, lo que genera un impacto positivo tanto para ellas como para la sociedad.

5 ¿Qué estrategias pueden mejorar los servicios públicos para personas con necesidades especiales?

Primero sería fundamental ampliar los recursos públicos y aumentar el número de plazas disponibles para cubrir las diferentes necesidades. Actualmente, existe una carencia significativa en cuanto a plazas de atención, lo que limita el acceso a servicios esenciales para muchas personas.[xxxv]

La diversidad de servicios que ofrece el sector público, cuando se implementa de manera adecuada, puede atender a una amplia gama de personas con necesidades variadas. Esto se logra a través de la formación continua de los profesionales, lo que permite la adaptación a los cambios y mejoras constantes. La clave está en diseñar estrategias conscientes que apoyen los servicios, garantizando que estos se ajusten a las necesidades reales de las personas.

Es esencial que la gestión de estos centros sea inclusiva, abriendo la dirección y las decisiones a las opiniones e información de los responsables de cada área. Esto no solo les permite ser parte activa en el diseño del futuro de los servicios, sino también favorece un enfoque más integral y personalizado para tratar y atender a los distintos grupos. A medida que avanzamos, se valoran los resultados año tras año, ofreciendo soporte económico, espacial y de tiempo para que los responsables sigan formándose y actualizándose.

Además, es importante que los responsables de los centros comprendan lo que se está haciendo fuera de su región, abriendo el enfoque y aprendiendo de otros contextos.

En cuanto a los servicios que ofrecemos a personas con discapacidad o enfermedades mentales, no siempre es necesario crear programas específicos para ellas. A menudo, con reutilizar los servicios existentes en la comunidad podemos lograr

NUESTRA PRIORIDAD DEBE SER RESOLVER LO ESENCIAL: PROPORCIONARLES ESTABILIDAD Y DIGNIDAD

—EL NAVEGANTE DEL CAMBIO

una integración efectiva. Por ejemplo, las personas con necesidades especiales pueden participar activamente en actividades comunitarias, no solo como consumidores, sino también contribuyendo a ellas. Un buen ejemplo sería que una persona con discapacidad, en un evento festivo comunitario, no solo espere en una fila para recibir un vaso de chocolate, sino que también pueda servirlo, o incluso estar involucrado en la preparación del mismo. Esto fomenta la inclusión y la participación activa en la sociedad.

6 ¿Qué papel juega la confianza en estas relaciones?

La confianza es fundamental. Un profesional debe valorar y aceptar al otro como persona. En muchos casos, las personas con necesidades especiales tienen más dificultades para expresar confianza hacia sus familias, pero logran vínculos profundos con los profesionales que las acompañan.

La confianza fomenta la empatía, ayudándonos a entender mejor sus perspectivas y emociones, incluso cuando no pueden expresarlas claramente. Es importante que sepan que el profesional tiene los conocimientos y la disposición para ayudarles, pero sin crear jerarquías; no se trata de estar en un pedestal, sino de acompañarles desde la cercanía y el respeto.

7
¿Cómo se diferencian las necesidades de las personas con discapacidad y aquellas con enfermedades mentales?

Las personas con discapacidad suelen beneficiarse de rutinas y hábitos que les permitan desarrollar su independencia. Desde apagar la luz al salir de una habitación, hasta colocarse correctamente una mochila o usar el baño de manera autónoma, estas acciones pueden aprenderse con práctica y constancia.

En el caso de las personas con enfermedades mentales, el desafío es diferente y a menudo más complejo. En ocasiones sus comportamientos son imprevisibles y dependen de causas que pueden ser difíciles de identificar. Cuando estas causas son claras, es posible establecer rutinas y hacer un seguimiento, pero muchas veces esto requiere un enfoque más subjetivo y empático. Esto nos obliga a dedicarles tiempo, espacio y una profunda introspección para comprender su situación y acompañarles de manera efectiva.

8
¿Cómo describirías la satisfacción que se siente al trabajar con personas con necesidades especiales?

Trabajar en el ámbito social nos brinda una alegría única. No buscamos recompensas materiales; la verdadera satisfacción proviene del impacto que generamos en la vida de las personas. Cuando nuestro trabajo realmente les sirve y las ayuda, el sentimiento de alegría y realización es inmenso. Ver resultados concretos, gracias a profesionales comprometidos y eficientes, inspira a todos a seguir mejorando.

Un caso que siempre recuerdo es el de un chico que vivía en condiciones muy limitadas: comía en el suelo con las manos porque su familia le daba la comida de esa forma. Fue un proceso largo convencerles de que acudiera a un centro de acogida. Allí aprendió habilidades básicas, entre ellas cómo usar un tenedor y una cuchara, y vestir su abrigo. Recuerdo claramente el día en que, después de mucho esfuerzo, logró comer con cubiertos por primera vez. Su alegría fue indescriptible.

Aunque tenía tanto una discapacidad física como una enfermedad mental, se notaba su progreso. Disfrutaba de cosas simples, como pasear, jugar o comer su plato favorito: una paella de arroz. Ver cómo estas pequeñas mejoras transformaban su vida nos llenaba de satisfacción y confirmaba el valor del trabajo que hacemos. Cada pequeño paso, por básico que parezca, puede marcar una gran diferencia en sus vidas y en las nuestras.

9 ¿Qué aprendizajes han surgido de estas experiencias?

Una experiencia que me marcó fue el comentario de una persona a la que atendíamos. Me dijo: "Os agradezco que habléis de soluciones para mi situación, pero mientras habláis y habláis, nada cambia. Mientras discutís detalles menores como el tamaño de un espacio de acogida, sigo viviendo como un desahuciado, y quizá muera sin techo."

Esto fue un aprendizaje importante. A veces, nos enfocamos demasiado en discusiones técnicas o en detalles que, aunque relevantes, no abordan los problemas más urgentes de las personas. Debemos recordar que, para estas personas, cada día cuenta, y nuestra prioridad debe ser resolver lo esencial: proporcionarles estabilidad y dignidad.

> **CONSIDERO FUNDAMENTAL**
>
> **QUE LAS ENTIDADES PÚBLICAS**
>
> **OFREZCAN PROGRAMAS PARA FACILITAR**
>
> **LA INTEGRACIÓN LABORAL**
>
> —EL NAVEGANTE DEL CAMBIO

10 ¿Quisieras compartir otros aprendizajes personales que surgen al trabajar con personas con discapacidades o enfermedades mentales?

Trabajar con estas personas nos enseña mucho, especialmente a nivel emocional. A menudo, aportan una perspectiva afectiva y práctica que puede resultar reveladora, incluso en áreas donde nosotros mismos nos perdemos en teorías o suposiciones.

Aunque no siempre puedan participar directamente en reuniones o decisiones estratégicas, su manera concreta de entender la vida nos ofrece una visión de primera mano invaluable.

Quienes hemos trabajado con personas con discapacidades o problemas mentales hemos aprendido lecciones profundas. Estas experiencias nos transforman, ayudándonos a vivir de una forma más consciente y a abordar nuestras propias vidas con mayor practicidad y sentido.

11 ¿Cómo gestionas las emociones en el trabajo social?

Este tipo de trabajo puede ser emocionalmente exigente, y por eso es importante buscar momentos de calma, como tomar vacaciones o desconectar cuando sea posible. Sin embargo, he aprendido que los mayores desafíos emocionales no suelen venir de las personas con necesidades especiales o enfermedades mentales. Sus problemas se perciben como parte del trabajo: los analizamos, buscamos soluciones y avanzamos.

AHORA ES ESENCIAL ESCUCHAR MÁS A LAS PERSONAS CON DISCAPACIDAD Y CONSIDERAR SUS OPINIONES

—EL NAVEGANTE DEL CAMBIO

En cambio, las relaciones dentro del equipo de trabajo pueden ser más complejas. Si no hay una buena dinámica entre los profesionales, eso puede convertirse en una verdadera dificultad. Resolver conflictos personales dentro del equipo es esencial, porque el equilibrio en las relaciones profesionales afecta directamente nuestra capacidad de trabajar bien. Encontrar ese equilibrio no siempre es fácil, pero es necesario para seguir adelante y ofrecer la mejor atención posible.

12 ¿Qué papel juega la calma en tu capacidad para afrontar los desafíos diarios y ofrecer un servicio de calidad a los demás?

Hoy en día, parece que la calma se ha perdido un poco. Necesitamos espacios donde encontrarla. Durante la evolución y transformación de las entidades con las que trabajábamos, había días en los que, junto al jefe de servicios, nos íbamos a pasear por un canal para buscar esa calma de la que hablas. A veces, alejarse del bullicio y reflexionar ayuda mucho. Ese espacio de reflexión era esencial. También nos íbamos, con el consejo de dirección, a lugares tranquilos, a veces cerrados por dos días, para pensar...

Esas salidas ayudaban a mejorar los procesos internos. A veces también contábamos con psicólogos que nos enseñaban a manejar lo que llamábamos "conversaciones difíciles", a tratar con personas con las que teníamos conflictos. Nos ayudaban a cambiar la forma en que mirábamos y abordábamos esos desafíos.

La calma en el trabajo hace una gran diferencia. Es lo que permite que lo que realmente queremos lograr se haga bien. Es fundamental disfrutar del trabajo que se hace. La competitividad y otras formas de evaluar el rendimiento pueden desviar la atención de lo que verdaderamente importa: el bienestar de las personas a las que servimos. Si te distraes con métricas o comparaciones, te pierdes el propósito central del trabajo social.

13 *¿Qué importancia tiene lo divino o la espiritualidad en tu manera de afrontar el trabajo y en lograr que este se haga con excelencia?*

Creo que la vida, hecha en la tierra, debe hacerse con el alma al completo. Debemos procurar un equilibrio entre la mente y el corazón. Hay que trabajar en aquellos aspectos que nos impiden avanzar. Romper con las cadenas que nos mantienen en el pasado es necesario para poder lograr los objetivos que nos proponemos.

Escuchar es algo que debemos mejorar, pero no solo escuchar con los oídos, sino también con el corazón, de-sarrollando nuestra inteligencia emocional para conseguir nuestros propósitos. La parte espiritual, mientras personal y respetable en cada individuo, puede animar el trabajo social, haciéndolo más satisfactorio.

> *LA CALMA*
>
> *EN EL TRABAJO*
>
> *HACE UNA GRAN DIFERENCIA*
>
> —EL NAVEGANTE DEL CAMBIO

En nuestro trabajo con personas con necesidades especiales, pudimos disfrutar de lo bello de crear servicios que realmente benefi-

ANTES DE TENER UNA DISCAPACIDAD, ERES UNA PERSONA

—EL NAVEGANTE DEL CAMBIO

cian a estas personas. A través de conocer sus necesidades y trabajando con liderazgo y acompañamiento, defendimos el derecho de estos colectivos a tener un lugar en la sociedad.

Hoy en día, seguimos construyendo entidades que se integran a la comunidad, pero es necesario romper con las viejas formas de hacer las cosas si vemos que la sociedad ha avanzado y las entidades no se han adaptado a esos cambios.

EXISTE UNA CARENCIA

SIGNIFICATIVA

EN CUANTO A

PLAZAS DE ATENCIÓN

—EL NAVEGANTE DEL CAMBIO

14 *¿Cómo percibes la dificultad de las personas para entregarse al proceso de transformación necesario para ayudar mejor a quienes tienen discapacidad o problemas mentales?*

La principal dificultad es que, una vez que se identifican los problemas, no se toman decisiones para mejorar el equipo de trabajo que está ofreciendo los servicios a estas personas. Sin un equipo que evolucione, no hay crecimiento personal, y eso es fundamental. Cuando trabajas en un entorno de confianza, el equipo puede ayudar a mejorar al individuo. Aunque seamos compañeros, es crucial que haya un espacio donde podamos decirnos cómo mejorar como grupo, porque eso contribuye a aumentar la empatía y la comprensión mutua. A veces, la falta de autocrítica o de reflexión interna puede generar resistencias en los trabajadores a abrirse a los procesos de cambio.

NUESTRO ENFOQUE SE CENTRA

EN ESTABLECER SERVICIOS

QUE PERMITAN A LAS PERSONAS

VIVIR DE MANERA INDEPENDIENTE Y PLENA

—EL NAVEGANTE DEL CAMBIO

Incluso las relaciones afectivas dentro del equipo no interferían en los resultados, ya que establecimos un ambiente donde podíamos decirnos las cosas de forma profesional, y esas conversaciones se convertían en herramientas para mejorar el trabajo colectivo.

Había una persona en el equipo que se encargaba de observar el trabajo desde una perspectiva externa, como si fuera una persona que recibía los servicios. Después de que habíamos llegado a un acuerdo, ella revisaba el resultado de lo que habíamos hecho y mantenía un ojo crítico sobre lo que estábamos organizando. Su perspectiva externa era valiosa.

15 ¿Qué papel juega el entorno en el trabajo que se realiza con personas con necesidades especiales?

El entorno tiene un papel muy importante en cómo nos construimos como seres humanos. El lugar donde comencé mi trabajo influyó directamente en el tipo de servicio que ofrecimos a las personas a las que ayudábamos. Hubo situaciones extraordinarias que vivimos, gracias a que nuestro entorno nos permitió trabajar de una manera diferente y más efectiva con estas personas con necesidades especiales.

Las condiciones familiares y el entorno socioeconómico marcan profundamente a las personas. Es crucial que no se perpetúen las limitaciones impuestas por el entorno. Reconocer esas limitaciones es el primer paso para ayudar a cada persona a elegir su camino hacia un futuro mejor, más allá de las circunstancias en las que nacieron. El entorno también determina el acceso a los servicios específicos que pueden ayudar a un individuo a avanzar, o no.

El entorno natural también influye mucho en nuestra manera de relacionarnos. Hay una gran diferencia entre vivir en un lugar soleado, rodeado de naturaleza, y estar en un espacio lleno de edificios que te ahogan. La alegría de los días soleados y el contacto con la naturaleza afectan profundamente nuestra forma de relacionarnos con los demás.

El entorno de los niños, de cualquier niño, también ha cambiado mucho. Ya no viven tanto en la calle, como lo hacían los niños de antes, que iban a la escuela solos, jugaban en la calle y eran cuidados por toda la comunidad. Ahora, muchos niños están encerrados en sus casas, perdiendo esa espontaneidad y la interacción social directa que tiene lugar en la calle. No es lo mismo jugar a través de una pantalla que en persona.

El compromiso con el trabajo también ha cambiado. Es fundamental que el trabajador ame lo que hace y que se le pague de manera justa, los temas salariales en este entorno aún dejan mucho que desear.

La persona con discapacidad confía en la persona que la supervisa, en el profesional. Esa relación de confianza es clave. ⋅°⋅

LA CONFIANZA ES FUNDAMENTAL

—EL NAVEGANTE DEL CAMBIO

El Hermano del Camino

UNA MIRADA A LA CONVIVENCIA
CON LOS DESAFÍOS
DE UN HERMANO

Viajero de la Bruma

1 *¿Cómo describirías a tu hermano como persona, más allá de sus dificultades de adaptación?*

Mi hermano es una persona buena y empática. Se preocupa mucho por los problemas de los demás y tiene una sensibilidad profunda hacia lo que le rodea. Sin embargo, su mente está desorganizada, lo que le genera una gran angustia. Tiene una necesidad constante de controlar lo que ocurre a su alrededor, y esto amplifica su sufrimiento.

> **LA SOCIEDAD DEBERÍA OFRECER MÁS RECURSOS DESDE EL SISTEMA DE SALUD**
>
> —EL HERMANO DEL CAMINO

2 *¿Qué situaciones suelen ser más complicadas para él y para la familia?*

Las dificultades económicas han sido especialmente duras, al igual que su reacción ante las injusticias que sufren los demás. Tiene la necesidad de "salvar al mundo", pero eso le desborda. Para la familia, lo más complicado es no saber cómo ayudarle a estructurar su vida y hacerle entender que no puede resolver todos los problemas ajenos si no empieza por organizar su propia vida.

También le resulta angustiante observar cómo los demás parecen manejar sus vidas mientras él siente que no puede hacerlo. Esto le lleva a buscar escapatorias como el alcohol y las drogas, que le dan una satisfacción momentánea pero lo perjudican enormemente a largo plazo.

> **VER CÓMO HA CAMBIADO A LO LARGO DE LOS AÑOS, DE SER UNA PERSONA BRILLANTE Y TRABAJADORA A ALGUIEN ATRAPADO POR LA ADICCIÓN, ES DESGARRADOR**
>
> —EL HERMANO DEL CAMINO

> *HE COMPRENDIDO*
> *LO PROFUNDO QUE PUEDE SER*
> *EL SUFRIMIENTO MENTAL,*
> *INCLUSO MÁS QUE EL FÍSICO*
> *EN MUCHOS CASOS*
>
> —EL HERMANO DEL CAMINO

3 *¿Hay momentos en los que sientes que conectas profundamente con él? ¿Cómo son esos instantes?*

Antes de su adicción, era más fácil empatizar con él y entender lo que estaba atravesando. Pero durante su adicción, su enfoque en los placeres efímeros hizo que fuera difícil conectar. Para él, lo demás perdía sentido.

Es complicado acercarse porque siente que quienes intentamos ayudarle estamos en una posición de "superioridad" por tener una vida más estructurada. Incluso cuando intento hablarle desde un lugar más neutral, a menudo se bloquea y evita la conversación.

Sin embargo, hay momentos en que reconoce su situación y muestra pequeñas señales de querer cambiar. Aunque estas suelen ser breves, en esos instantes siento que podemos conectar más profundamente.

> *EL PROBLEMA DE MI HERMANO*
> *HA AFECTADO*
> *PROFUNDAMENTE*
> *A LA DINÁMICA FAMILIAR*
>
> —EL HERMANO DEL CAMINO

4 *¿Cuál crees que es la mayor barrera que enfrenta tu hermano para adaptarse?*

Su mayor barrera es la económica. Siente que otros han salido adelante mientras él sigue estancado. Además, su tendencia a rodearse de personas tóxicas y nocivas le afecta mucho, ya que, en su necesidad de salvar a otros, no se da cuenta de que primero debe salvarse a sí mismo. Estas relaciones le absorben y le generan aún más dolor.

Como familia, hemos tratado de señalarle estos patrones, pero a menudo lo reconoce solo cuando ya es demasiado tarde.

5 ¿Qué emociones predominan en ti cuando piensas en tu relación con él?

La tristeza es la emoción predominante. Ver cómo ha cambiado a lo largo de los años, de ser una persona brillante y trabajadora a alguien atrapado por la adicción, es desgarrador. También siento impotencia al no saber qué más hacer para ayudarle y, a veces, rabia al pensar si podríamos haber hecho algo antes para evitar llegar a este punto.

Además, hay un conflicto interno entre querer ayudarle y protegerme de la carga emocional que esto implica. En ocasiones, después de discutir con él, me cuesta dormir pensando si me excedí o si realmente no hay salida.

SU MENTE ESTÁ DESORGANIZADA,

LO QUE LE GENERA

UNA GRAN ANGUSTIA

—EL HERMANO DEL CAMINO

6 ¿Qué enseñanzas crees que te ha dejado vivir esta experiencia junto a tu hermano?

He aprendido que tengo más capacidad de resiliencia de la que creía para acompañarle en este proceso. También he comprendido lo profundo que puede ser el sufrimiento mental, incluso más que el físico en muchos casos.

Esta experiencia ha cambiado la dinámica familiar, generando tensiones que antes no existían. Cada miembro de la familia lo vive de manera distinta, y eso a veces nos lleva a juzgarnos mutuamente, lo que enrarece aún más nuestras relaciones.

SU MAYOR

BARRERA

ES LA ECONÓMICA

—EL HERMANO DEL CAMINO

7 ¿Cómo ha cambiado la dinámica familiar debido a sus desafíos?

El problema de mi hermano ha afectado profundamente a la dinámica familiar. Antes no enfrentábamos tensiones tan grandes entre nosotros, pero ahora hay desacuerdos sobre cómo manejar la situación. Cada uno lo interpreta desde su perspectiva, y eso puede generar juicios y conflictos.

También surge la pregunta de por qué él no ha podido salir adelante cuando el resto de los hermanos sí. Creo que el alcohol y las drogas han sido un factor determinante en su transformación.

> **PARA LA FAMILIA,**
> *LO MÁS COMPLICADO*
> *ES NO SABER CÓMO AYUDARLE*
> *A ESTRUCTURAR*
> *SU VIDA*
>
> —EL HERMANO DEL CAMINO

8 ¿Qué apoyo desearías recibir de la sociedad o de personas cercanas para manejar mejor esta situación?

Creo que la sociedad debería ofrecer más recursos desde el sistema de salud. Hay muchas personas con enfermedades mentales desatendidas, lo que pone una carga inmensa sobre las familias. No somos especialistas y a menudo no sabemos cómo gestionar estos problemas, y eso en el mejor de los casos, cuando la familia sí que quiere y puede implicarse.

A nivel familiar, sería de gran ayuda contar con un acompañamiento profesional continuo, alguien que guíe tanto a mi hermano como a nosotros en el manejo de

> **NECESITA ABRIRSE**
> *Y CONFIAR*
> *EN QUIENES ESTAMOS*
> *DE SU LADO*
>
> —EL HERMANO DEL CAMINO

esta situación. Muchas veces las instituciones ofrecen ayuda temporal, pero luego te dejan a tu suerte, y esto es una enfermedad que necesita apoyo permanente.

Es complicado acercarse

porque siente que quienes intentamos ayudarle

estamos en una posición

de "superioridad"

—EL HERMANO DEL CAMINO

9 *¿Alguna vez has sentido que, a pesar de todo, su forma de ser aporta algo único a tu vida o a la de la familia?*

Aunque en su estado actual es difícil verlo, su situación me ha dado una nueva perspectiva sobre las enfermedades mentales. He aprendido a comprender mejor este mundo y a valorar lo complicado que es vivir con estos desafíos.

10 *Si pudieras enviarle un mensaje desde el corazón a tu hermano, ¿qué le dirías?*

Le diría que no está tan solo como piensa. Que si escuchara a las personas que le queremos, podría encontrar una salida. Nosotros estamos aquí para ayudarle, pero él no lo ve; siente que está solo en el mundo.

Le recordaría que lo queremos y que queremos verlo bien, pero también le diría que necesita abrirse y confiar en quienes estamos de su lado. ⋰

El Viajero Inquebrantable

UNA ENTREVISTA
SOBRE LOS RETOS DE LAS PERSONAS
CON DISCAPACIDAD FÍSICA

Viajero de la Bruma

1 ¿Cómo describirías tu día a día y los retos que enfrentas?

Mi día a día es como una montaña rusa. Hay momentos buenos, en los que me siento capaz de hacer todo, y otros en los que siento que el mundo no está diseñado para mí. Uno de los mayores retos es la falta de comprensión. No siempre necesito que me ayuden, pero sí que me entiendan. También está el tema de la accesibilidad: no es solo poder entrar a un edificio o usar el transporte, sino que la sociedad sepa incluirnos de verdad.

NO SIEMPRE NECESITO QUE ME AYUDEN, PERO SÍ QUE ME ENTIENDAN

—EL VIAJERO INQUEBRANTABLE

2 ¿Sientes que recibes suficiente apoyo de tu entorno?

Depende. Mi familia siempre está ahí para mí, pero en otros entornos es diferente. A veces siento que las personas no saben cómo actuar conmigo, y eso puede ser incómodo. Creo que falta educación sobre cómo tratar con personas con discapacidad sin hacerlas sentir menos. La empatía es clave.

UNO DE LOS MAYORES RETOS ES LA FALTA DE COMPRENSIÓN

—EL VIAJERO INQUEBRANTABLE

3 ¿Qué cosas sientes que deberían cambiar en la sociedad para que sea más inclusiva?

Primero, que la gente deje de ver la discapacidad como una tragedia. Somos personas con sueños, metas y muchas veces talentos que pueden aportar mucho. Luego, la accesibilidad debería ser algo natural, no un extra[xxxvi]. Y, por último, incluirnos en las decisiones que nos afectan: nadie sabe mejor lo que necesitamos que nosotros mismos.

4 ¿Qué te inspira o te motiva a seguir adelante?

Mis sueños. No quiero que la discapacidad me defina. También me motiva ver cómo poco a poco las cosas están cambiando, aunque sea despacio. Saber que puedo inspirar a otros también me da fuerzas.

5 ¿Qué rol juega la comunidad en tu vida?

Un rol fundamental. Es la comunidad la que puede hacer que te sientas incluido o excluido. Por ejemplo, cuando me invitan a participar en actividades, me hacen sentir que pertenezco. Pero cuando se olvidan de las necesidades básicas que puedo tener, como acceso o transporte, siento que no piensan en mí como parte del grupo.

6 ¿Qué mensaje darías a alguien que enfrenta desafíos similares?

No estás solo. Puede parecer que todo está en contra, pero hay personas y recursos ahí fuera que te pueden ayudar. Rodéate de quienes te valoren, lucha por lo que quieres y nunca dejes de creer en ti. Eres más fuerte de lo que imaginas.

7 ¿Cómo crees que los gobiernos y las instituciones globales deberían abordar las desigualdades?

A nivel global, hay una gran desconexión entre los derechos que decimos que son universales y la realidad. En los países desarrollados, las leyes suenan bien, pero muchas veces no se aplican de verdad. En los países en vías de desarrollo, la situación es aún más complicada, ya que a menudo no hay la infraestructura básica para garantizar la inclusión.

Para mejorar esto, necesitamos que los países colaboren de manera práctica. Por ejemplo, se podrían hacer intercambios donde expertos compartan sus experiencias sobre cómo implementar políticas efectivas. También es importante que las organizaciones locales tengan voz en las decisiones, ya que conocen mejor las necesidades de su comunidad. Formar alianzas entre gobiernos y

LA EMPATÍA ES CLAVE

—EL VIAJERO INQUEBRANTABLE

organizaciones no gubernamentales puede ayudar a desarrollar proyectos que aseguren el acceso a servicios básicos y la protección de derechos. Así, podemos pasar de las buenas intenciones a acciones concretas que realmente hagan la diferencia.

8 *¿Qué papel crees que juegan las representaciones culturales y mediáticas en la percepción de las personas con discapacidad?*

¡Oh, el tema de los medios! A veces me parece que somos personajes secundarios en una historia que no es nuestra, o peor aún, somos representados de manera que ni siquiera tenemos la oportunidad de mostrar nuestras fortalezas y capacidades. Hay que trabajar mucho en la representación auténtica, porque una cosa es ver a alguien en una silla de ruedas como una figura triste o débil, y otra muy diferente es ver a esa persona liderando, siendo capaz, siendo dinámica, ¡siendo humana! Necesitamos vernos de una forma que re-

CUANDO ME INVITAN

A PARTICIPAR EN ACTIVIDADES,

ME HACEN SENTIR QUE PERTENEZCO

—EL VIAJERO INQUEBRANTABLE

9 *¿Cómo imaginas un futuro ideal para las personas con discapacidad?*

Un futuro en el que no tengamos que luchar por derechos básicos, donde podamos estudiar, trabajar y vivir con las mismas oportunidades que todos. Un mundo donde no haya etiquetas y se valore a las personas por lo que son, no por lo que creen que les falta. ⁖

La Guardiana del Silencio

UNA MADRE
ENFRENTANDO LOS DESAFÍOS DE UNA HIJA
CON ENFERMEDAD MENTAL

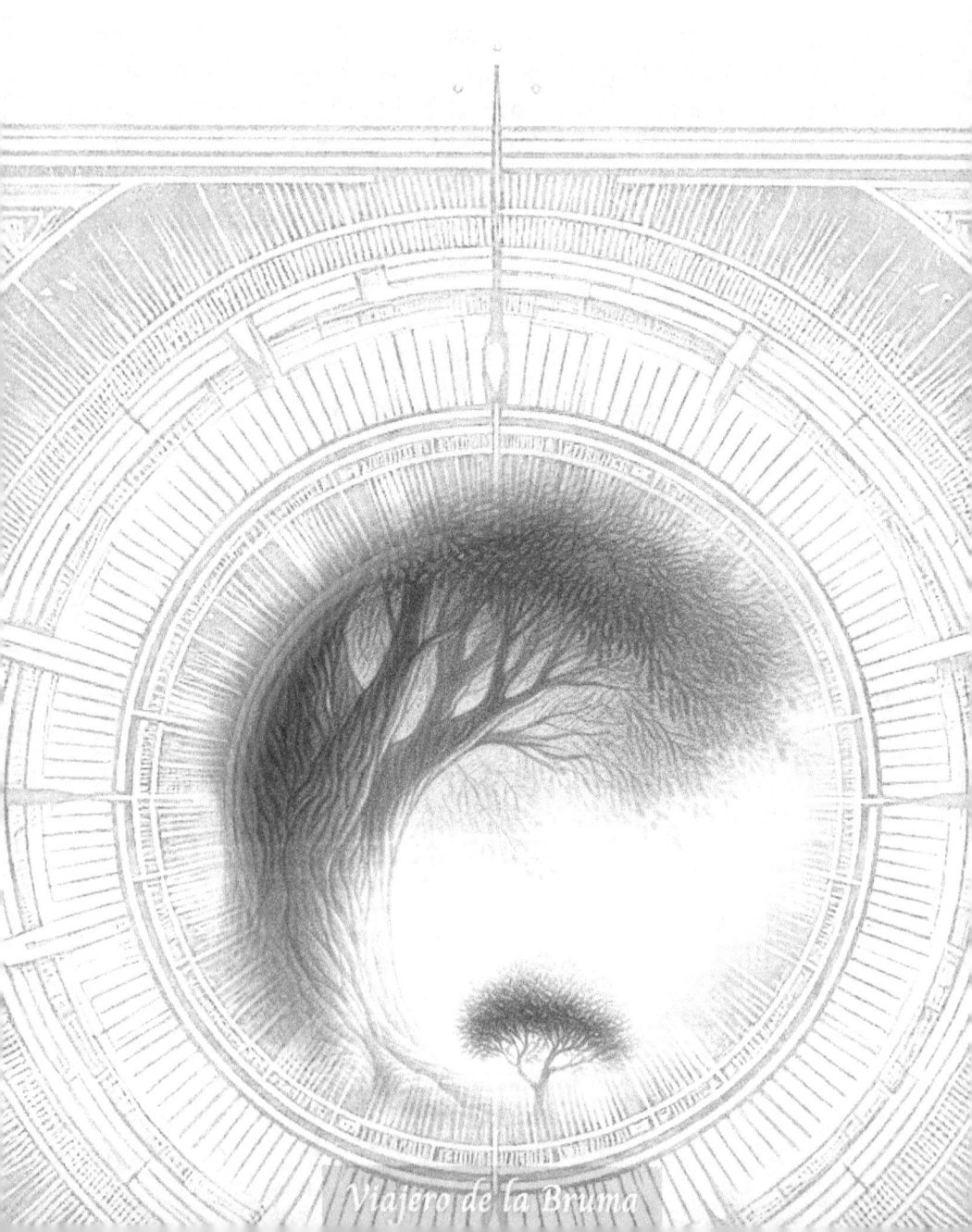

Viajero de la Bruma

1 *¿Cómo describirías el momento en que te diste cuenta de que tu hija estaba atravesando dificultades para adaptarse a la sociedad?*

Recuerdo que fue un proceso gradual. Al principio, era solo una serie de cambios pequeños, como su rechazo a las actividades sociales o su aislamiento. Pero un día, vi que ya no se relacionaba con sus amigos ni con la familia de la misma manera. No estaba feliz, y sus actitudes cambiaron. Fue entonces cuando comprendí que no solo se trataba de una etapa o un comportamiento pasajero, sino de algo más profundo.

> *SON LAS CONEXIONES EMOCIONALES Y SOCIALES*
> *LAS QUE REALMENTE AYUDAN A ALGUIEN*
> *A SENTIRSE ACEPTADO, COMPRENDIDO Y APOYADO*
> *EN SU PROCESO*
>
> —LA GUARDIANA DEL SILENCIO

2 *¿Qué fue lo más difícil para ti como madre al enfrentar los desafíos emocionales y psicológicos de tu hija?*

Lo más difícil ha sido ver su sufrimiento sin poder hacer nada inmediato para aliviarlo. Como madre, te sientes impotente cuando ves que tu hija está pasando por algo tan doloroso y no puedes simplemente "arreglarlo". Además, la incertidumbre de no saber si el tratamiento funcionará o si mejorará, y la culpa de preguntarme si pude haber hecho algo antes, también ha sido un desafío constante.

> *LA SALUD MENTAL*
> *AFECTA*
> *TODOS LOS ASPECTOS DE*
> *LA VIDA*
> *DE UNA PERSONA*
>
> —LA GUARDIANA DEL SILENCIO

3 En tu experiencia, ¿cómo crees que la sociedad percibe a las personas que luchan con problemas como los de tu hija?

Creo que la sociedad todavía tiene mucho que aprender sobre la salud mental. A menudo se juzga a las personas con trastornos psicológicos como débiles o incapaces, cuando en realidad están luchando contra algo invisible y complejo. Mi hija ha sido rechazada o malentendida en varias ocasiones por su comportamiento, y es doloroso ver cómo la sociedad, en lugar de ser comprensiva, la margina.

A MENUDO SE JUZGA

A LAS PERSONAS

CON TRASTORNOS PSICOLÓGICOS

COMO DÉBILES

O INCAPACES

—LA GUARDIANA DEL SILENCIO

4 ¿Qué papel sientes que juega el apoyo emocional, más allá del tratamiento médico, en el bienestar de tu hija?

El apoyo emocional es importantísimo. Aunque los medicamentos y la terapia son esenciales, la comprensión y el apoyo que le brindamos desde la familia, junto con su psicóloga, son cruciales para su recuperación. Ha aprendido a trabajar en su autoestima, a identificar aquello que la angustia y a manejar esos momentos difíciles. Sin ese apoyo emocional, el tratamiento médico no sería tan efectivo.

EL APOYO FAMILIAR

ES FUNDAMENTAL

PARA QUE LA PERSONA

CON PROBLEMAS EMOCIONALES

NO SE SIENTA SOLA

NI EXCLUÍDA

—LA GUARDIANA DEL SILENCIO

5 *¿Cómo crees que los familiares de personas con problemas como el de tu hija pueden sentirse más comprendidos? ¿Los ves aislados?*

Sí, muchas veces los familiares se sienten aislados, especialmente cuando no hay suficiente comprensión o recursos. A veces, es difícil encontrar personas que realmente entiendan lo que estamos viviendo. El hecho de que la enfermedad mental no sea visible hace que se minimice, y muchos familiares se sienten incomprendidos o juzgados. Es importante crear más espacios donde los familiares puedan compartir sus experiencias sin miedo a ser criticados.

6 *Desde tu punto de vista, ¿por qué es importante que las familias, además de los médicos, presten atención a las necesidades emocionales y sociales de quienes enfrentan estas dificultades?*

Porque la salud mental afecta todos los aspectos de la vida de una persona. El apoyo familiar es fundamental para que la persona con problemas emocionales no se sienta sola ni excluida. Los médicos y terapeutas pueden ofrecer tratamiento, pero son las conexiones emocionales y sociales las que realmente ayudan a alguien a sentirse aceptado, comprendido y apoyado en su proceso.

LAS ESCUELAS,

LOS LUGARES DE TRABAJO

Y LAS INSTITUCIONES

DEBEN PROMOVER

LA INCLUSIÓN

Y LA COMPRENSIÓN

—LA GUARDIANA DEL SILENCIO

7 ¿Cuáles son algunos de los momentos más dolorosos para ti al ver a tu hija sufrir, y cómo encuentras fuerza para seguir apoyándola?

Uno de los momentos más dolorosos es verla en crisis, cuando no sabe cómo calmarse o manejar lo que siente. Cuando la angustia la supera, la tristeza en sus ojos es desgarradora. Encuentro fuerza al recordar que ella depende de mí, que mi apoyo puede marcar la diferencia, aunque a veces no pueda ofrecerle una solución inmediata. También me ayuda hablar con otras madres que están pasando por lo mismo; no me siento tan sola.

> COMO MADRE,
>
> TE SIENTES IMPOTENTE
>
> CUANDO VES QUE TU HIJA
>
> ESTÁ PASANDO POR ALGO TAN DOLOROSO
>
> Y NO PUEDES SIMPLEMENTE "ARREGLARLO"
>
> —LA GUARDIANA DEL SILENCIO

8 ¿Qué le dirías a otras madres o familias que están pasando por una situación similar, que sienten que a veces les cuesta entender o manejar la situación?

Les diría que no se rindan. La comprensión y el apoyo constante son claves, pero también es importante cuidar de uno mismo. El camino puede ser largo y complicado, pero cada pequeño paso hacia adelante es un triunfo. No se dejen llevar por la desesperación y busquen ayuda cuando la necesiten, ya sea de profesionales o de otros familiares.

> ES URGENTE QUE LA SOCIEDAD
>
> DEJE DE ESTIGMATIZAR
>
> A LAS PERSONAS
>
> CON ENFERMEDADES MENTALES
>
> —LA GUARDIANA DEL SILENCIO

9 *En tu opinión, ¿cómo pueden las comunidades y la sociedad en general hacer un mejor trabajo en la integración de personas con problemas similares?*

Las comunidades pueden hacer mucho más al ofrecer programas de sensibilización y apoyo. Las escuelas, los lugares de trabajo y las instituciones deben promover la inclusión y la comprensión, ofreciendo recursos tanto para las personas con problemas de salud mental como para sus familias. Esto también implica una mayor formación en salud mental para que todos sepamos cómo actuar en situaciones difíciles y cómo apoyar a quienes lo necesitan.

10 *¿Qué crees que necesita cambiar en la forma en que las familias y la sociedad en general abordan estos problemas para fomentar una mayor comprensión, tolerancia y apoyo hacia las personas que atraviesan situaciones como la de tu hija?*

Necesitamos un cambio cultural profundo. Es urgente que la sociedad deje de estigmatizar a las personas con enfermedades mentales y comience a verlas como lo que son: personas que luchan con una condición, no personas deficientes o débiles.

Las familias, además de enfrentarse a los desafíos de cuidar a sus seres queridos, necesitan mayor apoyo práctico y emocional. Si la sociedad reconoce la importancia del bienestar emocional y brinda los recursos necesarios, las personas con enfermedades mentales y sus familias podrán recibir el apoyo que tanto necesitan. ⠟

CREO QUE LA SOCIEDAD TODAVÍA
TIENE MUCHO QUE APRENDER
SOBRE LA SALUD
MENTAL

—LA GUARDIANA DEL SILENCIO

El Faro de las Calles

UNA MIRADA PROFESIONAL AL
ACOMPAÑAMIENTO SOCIAL A PERSONAS
SIN HOGAR

Viajero de la Bruma

⁖ Sobre su experiencia y trabajo diario

1 *¿Qué significa para ti trabajar con personas al filo de la sociedad?*

Aunque desde fuera estas personas son vistas como si estuvieran "al filo de la sociedad", yo no las considero así. Las incluyo dentro de la sociedad. No parto de la idea de que están fuera, sino que las veo como personas que han atravesado momentos difíciles y tomado decisiones que las llevaron a su situación actual. Mi objetivo es reconocer sus capacidades y ayudarlas a mejorar aquello en lo que se sienten mal.

Es un trabajo muy gratificante en muchos momentos, pero también puede ser frustrante. A veces, estas personas no quieren cambiar porque encuentran cierta comodidad en su situación actual. Esa "zona de confort" es un desafío para nosotros como profesionales.

> *SI SE MEJORAN LAS CONDICIONES DE VIDA,*
> *COMO EL ACCESO A VIVIENDA*
> *Y RECURSOS BÁSICOS,*
> *ES MÁS FÁCIL ABORDAR*
> *OTROS ASPECTOS*
>
> —EL FARO DE LAS CALLES

2 *¿Cómo enfrentas la dualidad entre querer ayudar y respetar la autonomía de las personas a las que acompañas?*

A veces quisiera ayudar más de lo que la persona misma permite, pero siempre trato de escuchar y respetar lo que desean. Es desgastante cuando ves su potencial pero notas que no están listos o no quieren avanzar. En esos casos, mi enfoque es hacerles saber que estaré disponible cuando lo necesiten.

Por supuesto, hay excepciones, como cuando la intervención es imprescindible por razones de seguridad o salud. Pero, en general, trato de equilibrar mi implicación sin sobrepasar su autonomía.

3 ¿Qué mitos o ideas equivocadas sobre las personas sin hogar te gustaría desmontar?

Las personas sin hogar enfrentan muchos estereotipos. Algunos las ven como incapaces o dignas de lástima. A estas personas les diría que no subestimen sus capacidades y que, en lugar de dar limosnas, se pregunten cómo pueden contribuir a que estas personas encuentren su propia autonomía.

Por otro lado, están quienes las etiquetan como vagos o adictos. A ellos les explicaría que cada persona sin hogar tiene una historia única. No se puede generalizar; es necesario observar cada caso con empatía y sin prejuicios.

> *La exclusión social genera un nivel de estrés que puede desencadenar trastornos mentales*
>
> —EL FARO DE LAS CALLES

> *La soledad es una constante que define la vida de muchas personas en situación de calle*
>
> —EL FARO DE LAS CALLES

⁘ Sobre las personas con las que trabaja

4 ¿Cuáles son las historias o momentos que más te han marcado en tu trabajo?

He vivido momentos muy intensos. Por ejemplo, los ingresos involuntarios de personas con problemas de salud mental que son muy impactantes. Estas personas suelen estar atrapadas en un mundo que les impide decidir por sí mismas. Participar en su proceso de ayuda y luego ver su gratitud y los vínculos que se crean es muy conmovedor. Incluso cuando recaen, muchas veces vuelven a buscarte porque confían en ti, aunque no siempre lo expresen con palabras.

Otra experiencia que me marcó fue con un hombre que venía todos los martes a un huerto comunitario. Lo hizo durante años, y cuando un día no apareció, supe que algo iba mal. Poco después, confirmaron que había fallecido. Era una persona muy sola, y yo era prácticamente su único contacto. Estas situaciones me recuerdan el impacto que puede tener un pequeño gesto en la vida de alguien.

Aunque desde fuera

estas personas

son vistas como si estuvieran

"al filo de la sociedad",

yo no les considero así

—EL FARO DE LAS CALLES

5 *¿Qué crees que buscan, más allá de lo material, las personas que se encuentran en situación de calle?*

La soledad es una constante que define la vida de muchas personas en situación de calle. A menudo, lo que más anhelan no son posesiones materiales, sino algo mucho más esencial: el contacto humano. Desean que alguien los mire con atención, los toque con cariño, o simplemente les haga sentir que importan, que existen en un mundo que suele ignorarlos.

En respuesta a esta necesidad, hemos desarrollado proyectos orientados a ofrecer experiencias de conexión afectiva. Uno de los más exitosos ha sido trabajar con perros de refugios. Las activida-

Muchas veces,

las personas simplemente

no les ven

o, si lo hacen,

sienten pena

pero no actúan

—EL FARO DE LAS CALLES

des incluyen pasearlos, educarlos, cuidarlos y, sobre todo, acariciarlos. La interacción con estos animales genera una respuesta profundamente emocional.

Para ellos, estos momentos representan algo más que una simple actividad: son una oportunidad para sentir afecto, calidez y reconocimiento. Es la experiencia de saber que algo o alguien les dedica tiempo, que existe un vínculo, aunque sea breve. Estos instantes, aparentemente sencillos, tienen un impacto enorme en su bienestar emocional y en su percepción de sí mismos.

El contacto físico y afectivo es una gran carencia en sus vidas y, cuando lo buscan, a menudo lo hacen a través de mecanismos dañinos, como el sexo transaccional o las drogas.

DESEAN QUE ALGUIEN

LES MIRE CON ATENCIÓN,

LES TOQUE CON CARIÑO,

O SIMPLEMENTE

LES HAGA SENTIR QUE IMPORTAN

—EL FARO DE LAS CALLES

6 *El alcohol y las drogas están presentes en muchas de estas historias. ¿Cómo crees que la sociedad debería abordar estos temas para ayudar, en lugar de juzgar?*

Es un tema complejo. Hay que ser conscientes de que muchas personas sin hogar recurren a las drogas como un escape. Como sociedad, debemos decidir si simplemente juzgamos o si tomamos medidas para ofrecer alternativas. Por ejemplo, más recursos para tratar las adicciones podrían marcar una diferencia.

PARA REDUCIR EL ESTIGMA,

NECESITAMOS ABRIR ESPACIOS

DE DIÁLOGO

—EL FARO DE LAS CALLES

Muchos centros de tratamiento requieren que la persona acceda de forma voluntaria, pero no siempre están en condiciones de hacerlo. Además, los tratamientos suelen ser caros, lo que limita su acceso. Si estos procesos fueran más accesibles y comprensivos, podríamos abordar mejor la raíz del problema.

COMO SOCIEDAD, DEBEMOS DECIDIR

SI SIMPLEMENTE JUZGAMOS

O SI TOMAMOS MEDIDAS

PARA OFRECER ALTERNATIVAS

—EL FARO DE LAS CALLES

⸭ Pensamientos más allá del día a día

7 *¿Cómo afecta el estigma social a las personas que acompañas y cómo crees que podemos reducirlo como sociedad?*

El estigma les hace invisibles. Muchas veces, las personas simplemente no les ven o, si lo hacen, sienten pena pero no actúan. Hay quienes nos contactan para ayudarlas, pero en general, la implicación es mínima.

Para reducir el estigma, necesitamos abrir espacios de diálogo. Muchas personas desconocen la realidad de quienes están en situación de calle. A través de los medios de comunicación o encuentros directos, podríamos humanizar estas historias y fomentar una mayor empatía.

EL ESTIGMA

LES HACE INVISIBLES

—EL FARO DE LAS CALLES

8 ¿Qué opinas sobre la relación entre salud mental, pobreza y exclusión social?

Estas tres problemáticas están estrechamente conectadas y suelen reforzarse mutuamente. La exclusión social genera estrés y angustia, lo que puede contribuir al desarrollo de trastornos mentales. A su vez, los problemas de salud mental dificultan la inclusión social debido al estigma y las barreras existentes. Esto crea un ciclo difícil de romper, donde la falta de apoyo y oportunidades agrava la situación de quienes más lo necesitan.

> *EL CONTACTO*
> *FÍSICO Y AFECTIVO*
> *ES UNA GRAN CARENCIA*
> *EN SUS VIDAS*
>
> —EL FARO DE LAS CALLES

Si se mejoran las condiciones de vida, como el acceso a vivienda y recursos básicos, es más fácil abordar otros aspectos, como la salud mental[xxxvii]. Todo está interrelacionado.

9 ¿Cómo mantienes tu equilibrio emocional y mental trabajando en un entorno tan exigente?

Cuando trabajo, me implico al 100%. Sin embargo, al final del día, "cierro la puerta" y no me llevo los problemas a casa. Es importante mantener una distancia emocional sin dejar de ser cercano y empático. Creo que esta separación es lo que me permite seguir adelante sin desgastarme emocionalmente.

> *HEMOS DESARROLLADO PROYECTOS*
> *ORIENTADOS A OFRECER EXPERIENCIAS*
> *DE CONEXIÓN AFECTIVA*
>
> —EL FARO DE LAS CALLES

10 Si pudieras cambiar una sola cosa del sistema o la sociedad para mejorar la vida de las personas sin hogar, ¿qué sería?

El acceso a una vivienda digna. Tener un hogar es la base para cambiar muchas otras cosas: mejora la salud mental, la estabilidad emocional, e incluso facilita mejores hábitos alimenticios y cuidados físicos. Sin un lugar donde vivir, todo lo demás se tambalea.

> *LAS ACTIVIDADES ARTÍSTICAS*
> *LES DAN UN SENTIDO DE UTILIDAD Y PROPÓSITO,*
> *ALGO QUE ES FUNDAMENTAL*
> *PARA SU BIENESTAR EMOCIONAL.*
>
> —EL FARO DE LAS CALLES

11 ¿Qué lecciones has aprendido de las personas con las que trabajas?

He aprendido que lo verdaderamente importante en la vida no es material. Sin embargo, también he visto cómo, para las personas que viven en la calle, contar con un espacio propio, un techo seguro y un entorno estable puede marcar una diferencia enorme. A veces, lo material no es lo esencial, pero en ciertas circunstancias, tener acceso a lo básico puede ser el primer paso para recuperar la dignidad y la esperanza.

También he aprendido que pedir ayuda y cuidar las relaciones personales son aspectos esenciales para salir adelante. El apoyo de los demás y los vínculos que construimos pueden ser tan importantes como un techo seguro, especialmente para quienes enfrentan situaciones de vulnerabilidad.

12 ¿Crees que el arte, la música o la escritura podrían tener un lugar en los procesos de sanación o reintegración social de las personas sin hogar?

Definitivamente. Estas actividades no solo estimulan la creatividad, sino que les permiten expresar emociones que a veces no logran comunicar de otra forma. Además, las actividades artísticas les dan un sentido de utilidad y propósito, algo que es fundamental para su bienestar emocional. ❖

El Abrazo de la Empatía

UNA MUJER DESCUBRIENDO LA FELICIDAD EN LOS PEQUEÑOS GESTOS Y EN EL APOYO MUTUO

Viajero de la Bruma

1 *¿Qué actividades disfrutas más
en tu día a día?*

Disfruto mucho caminando, haciendo manualidades y yendo de compras. Me encanta hacer estas cosas acompañada porque me siento más cómoda y feliz compartiéndolas.

2 *¿Cómo te sientes cuando alguien te escucha
y entiende lo que quieres decir?*

Me siento muy bien. A veces es difícil porque quiero hablar, pero algunas personas no te dejan; sólo quieren hablar ellas. Cuando alguien me escucha de verdad, eso me hace sentir valorada.

> **DISFRUTO MUCHO
> ESCUCHANDO A MIS AMIGAS
> CUANDO TIENEN PROBLEMAS,
> Y ME GUSTA BUSCAR SOLUCIONES
> PARA AYUDARLAS**
>
> —EL ABRAZO DE LA EMPATÍA

3 *¿Qué es lo que más te gusta de las personas
que están a tu alrededor?*

Me gusta el compañerismo de las personas que quiero. Adoro a mis hermanos, son muy importantes para mí. También valoro mucho a mis amigas, porque son un gran apoyo en mi vida.

4 *¿Cómo te hace sentir aprender algo nuevo
o hacer algo que te gusta mucho?*

Me llena de satisfacción. Por ejemplo, cuando empecé a ir al centro que voy ahora estaba un poco desorientada al principio, pero luego me fui acostumbrando y ahora me siento muy bien. Me encanta sentir que puedo lograr cosas nuevas.

5 ¿Qué es lo que más te anima o te da alegría cuando tienes un día difícil?

La música me ayuda mucho. Escucho música relajante, y eso me tranquiliza y me pone de mejor humor.

6 ¿Qué lugares o momentos te hacen sentir más tranquila o feliz?

Por las mañanas me siento especialmente bien, cuando todo está tranquilo. Mi habitación es mi espacio más personal, y allí me siento relajada y segura.

7 ¿Qué cosas te ayudan a comunicarte mejor con las personas a tu alrededor?

Me encanta hablar con la gente. Una de las cosas que más me gusta hacer es llamarlos por teléfono. Creo que se me da bien, porque disfruto mucho esas conversaciones.

8 ¿Cómo describirías un buen día para ti, incluyendo las actividades, emociones y momentos que lo harían especial y significativo?

Un buen día para mí empieza levantándome a las 8:45. Desayunaría algo rico, saldría a caminar y después iría a una cafetería con mis amigas para charlar y tomar algo. Aunque a veces echo de menos a mi familia, especialmente a mis hermanos porque están ocupados con sus trabajos, nos vemos los fines de semana, y eso me hace muy feliz.

> *ME GUSTARÍA SER AÚN MÁS FELIZ Y PODER AYUDAR MÁS A LAS PERSONAS*
>
> —EL ABRAZO DE LA EMPATÍA

9 ¿Qué es lo más importante que te gustaría que los demás sepan sobre ti?

Quiero que sepan que me gusta conocer gente nueva. Cuando me presento, siempre digo mi nombre y mi edad. Para mí, la edad es importante. Aunque a veces me da miedo hacerme mayor y tener arrugas, creo que estamos guapos así como somos.

10 ¿Qué cosas pequeñas hacen que te sientas especial o querida?

El cariño de la gente me hace sentir especial. Los abrazos y los besos significan mucho para mí. Mis amigas y yo solemos darnos abrazos, y eso es muy bonito. Y tengo una muñeca a la que cuido mucho y con la que hablo y la cuido. Aunque se que ya soy mayor y que no es más que una muñeca, a mi me hace mucha compañía y me hace feliz cuidarla.

11 ¿Cómo te ayuda tu familia o amigos a sentirte bien contigo misma?

Me ayudan mucho con su cariño. Cuando vienen a buscarme, hacemos cosas que me gustan, como salir a comer juntos. Eso siempre me anima y me hace sentir muy querida.

12 ¿Qué te gustaría que otras personas hicieran más para entenderte o apoyarte?

Me gustan mucho los abrazos. Por ejemplo, mi cuidadora me apoya mucho; hablamos, me da abrazos, me prepara comida rica y salimos a pasear. Eso me hace sentir acompañada.

13 ¿Qué actividades o momentos compartidos con otros disfrutas más?

Disfruto mucho comiendo, hablando, jugando y saliendo a comer o a tomar algo con los demás. Esos momentos compartidos me hacen muy feliz.

Otra cosa que me hace muy feliz es estar con mi muñeca, tenerla cerca de mí. Aunque algunas personas me digan que ya soy demasiado mayor para tener una muñeca, a mí me llena de alegría tenerla a mi lado y cuidarla.

14 Si pudieras elegir algo que hiciera tu vida mejor o más fácil, ¿qué sería?

Me gustaría ser aún más feliz y poder ayudar más a las personas. Disfruto mucho escuchando a mis amigas cuando tienen problemas, y me gusta buscar soluciones para ayudarlas. Sentirme útil para los demás es algo que me hace sentir muy bien. ⁙

El Viajero Interior

UN DIÁLOGO SOBRE SANACIÓN, RESILIENCIA Y
CONEXIÓN EMOCIONAL

Viajero de la Bruma

1 ¿Cómo describirías los momentos que más te han ayudado a sentirte comprendido o apoyado?

Describiría estos momentos como un oasis, como si se hubiera abierto el cielo en medio de una tormenta y apareciera el sol, trayendo calor, luz y esperanza. Antes, eran muy excepcionales, pero en los últimos meses han sido más frecuentes. La sensación de haber vivido dentro de un pozo oscuro se ha ido disipando poco a poco.

2 ¿Qué pequeñas cosas, gestos o actitudes de los demás marcan una diferencia positiva en tu día a día?

Lo que marca la diferencia es cuando alguien muestra un interés genuino en comprenderme y escucharme, sin juicios, sino con voluntad de acoger. Estos gestos son transformadores porque crean una conexión real, un espacio donde me siento aceptado y entendido.

Cuando alguien se acerca con ese interés profundo, lo siento como compasión, no solo empatía. La compasión implica una proximidad emocional cargada de amor y un deseo sincero de entender lo que siente el otro. Es algo que también intento ofrecer a los demás: acercarme con curiosidad, con ganas de comprender su mundo y su experiencia.

3 ¿Qué actividades o espacios te hacen sentir más en paz contigo mismo?

Me calma mucho cerrar los ojos, estar en silencio y simplemente respirar. Hay momentos en los que visualizar amebas o medusas flotando en el agua me ayuda a relajarme, llevándome a un lugar de conexión y regeneración. Este simple acto de respirar me transforma y me lleva a la paz.

También practico relajación, que a veces incluye una parte de meditación, aunque sin estructuras rígidas. Caminatas en la naturaleza también me aportan calma: observar los árboles, el sol, las nubes o el agua de un río me conecta profundamente con la vida. Además, momentos de risa y autenticidad, como los que comparto con niños, también me llenan de paz.

> *AL FINAL, TODOS HACEMOS*
> *LO MEJOR QUE PODEMOS*
> *CON LO QUE SABEMOS*
>
> —EL VIAJERO INTERIOR

4 Cuando piensas en tus días más difíciles, ¿qué te da fuerza para seguir adelante?

No sé exactamente de dónde viene esa fuerza, pero siento una conexión profunda con la vida que me impulsa hacia adelante. Es como una inercia positiva que, incluso en los momentos de mayor oscuridad, me hace pensar: "Mañana lo veré diferente". En esos instantes, no es tanto una cuestión de confianza, sino de dejarme llevar y rendirme al momento, sabiendo que el tiempo traerá una nueva perspectiva.

> *LO QUE MARCA LA DIFERENCIA ES CUANDO ALGUIEN MUESTRA UN INTERÉS GENUINO*
>
> —EL VIAJERO INTERIOR

5 ¿Hay algo que quisieras que las personas supieran o entendieran mejor sobre ti o sobre lo que vives?

Sí, me gustaría que hubiera más comprensión hacia el dolor emocional, que es tan real como el dolor físico, aunque menos visible. Muchas veces, el sufrimiento emocional se percibe como algo ilusorio o imaginado, y eso puede ser muy invalidante.

Una anécdota que me gusta mucho ilustra esto: un maestro, tras perder a su hijo, entró en una profunda depresión. Cuando sus discípulos le preguntaron cómo podía sentir tanto dolor si siempre había dicho que este mundo era ilusorio, el maestro respondió: "Es cierto que este mundo es ilusorio, pero es tan doloroso perder a un hijo ilusorio en un mundo ilusorio...". El dolor se siente real, y reconocerlo es parte de comprender a quien lo vive.

Lo que más me ha ayudado en este proceso ha sido aprender a comprenderme a mí mismo, algo que antes buscaba desesperadamente en los

> *LO QUE TRANSFORMA ES EL INTERÉS GENUINO DE COMPRENDERME Y ESCUCHARME, SIN JUICIOS, CON VOLUNTAD DE ACOGER*
>
> —EL VIAJERO INTERIOR

demás. Sin embargo, cuando alguien se acerca con verdadero interés y voluntad de escuchar, cuando busca ver el mundo con mis ojos, eso también es profundamente valioso.

> *HE APRENDIDO QUE NO HAY*
> *UN ÚNICO CAMINO PARA SANAR,*
> *PERO CADA EXPERIENCIA,*
> *POR DIFÍCIL QUE SEA,*
> *PUEDE LLEVARME*
> *A UNA MEJOR VERSIÓN*
> *DE MÍ*
>
> —EL VIAJERO INTERIOR

6 ¿Qué significa para ti tener una buena conexión con las personas a tu alrededor?

Para mí, una buena conexión es sintonizar con los demás, mostrar interés genuino y hacerles sentir que su presencia importa. Es estar atento a lo que es importante para la otra persona y demostrarlo con pequeños gestos, como preguntar "¿cómo estás?" o simplemente hacerles saber que estás ahí para ellos.

Por ejemplo, si alguien no puede asistir a una reunión o evento, en lugar de decir "vale, no pasa nada", sería más significativo expresar algo como: "Entiendo que no puedas venir, pero quiero que sepas que para mí sería importante que estuvieras. Si cambias de opinión, siempre serás bienvenido." Es transmitir interés sin presionar, pero dejando claro que esa persona es valiosa para ti.

También implica estar disponible dentro de lo posible, devolver una llamada, hacer un seguimiento, o simplemente preguntar cómo están de vez en cuando. Es ese esfuerzo por intentar comprender al otro, aunque vivamos desde perspectivas o culturas muy diferentes. Al final, creo que una buena conexión nace de intentar caminar un poco en los zapatos del otro y estar presentes de una manera auténtica.

EL DOLOR EMOCIONAL

ES TAN REAL

COMO EL FÍSICO,

AUNQUE MENOS

VISIBLE

—EL VIAJERO INTERIOR

7 Si miras hacia atrás, ¿hay algún momento de superación o aprendizaje que recuerdes con especial cariño?

Lo que recuerdo con más cariño, aunque pueda sonar extraño, es un accidente de moto que tuve hace muchos años. Para mí, marcó un antes y un después en mi vida. Ese día viví experiencias muy curiosas y profundas. Fue como una experiencia cercana a la muerte, de la que regresé con una conexión mucho más intensa con la realidad.

Lo más sorprendente es que, en ese momento, no sentí miedo. Al contrario, experimenté una confianza inmensa en la vida. Recuerdo que, justo antes de caer al suelo, todo parecía transcurrir a cámara lenta, como si lo estuviera observando desde fuera, con una claridad y una calma que nunca había sentido antes.

Esa vivencia fue el inicio de un cambio radical en mi forma de vivir y entender la vida.

El accidente tuvo un impacto enorme en mi vida porque, tras esa experiencia, realicé cambios significativos. Durante el mes siguiente, mi percepción de la realidad cambió de una manera completamente nueva para mí. Fue, sin duda, el mes más pleno y especial que he vivido hasta ahora.

Recuerdo que veía a las personas de manera distinta: algunas aparecían ante mí llenas de color, irradiando vida y energía, mientras que otras se percibían grises, apagadas, desvitalizadas, como si estuvieran muertas en vida. Esta diferencia era muy evidente, y esa nueva forma de ver a las personas y al mundo dejó una marca profunda en mi forma de comprender la realidad.

Me encontraba contemplando las hojas de los árboles y me sentía completamente extasiado por su belleza indescriptible, por la luz y todos los pequeños detalles. Era como si cada elemento de la vida se hubiera transformado en un regalo invaluable. Durante ese mes, sentí que la vida había elevado su intensidad, su brillo y su significado a un nivel máximo, como si todo se hubiera amplificado.

Esta experiencia me llevó a realizar grandes cambios en mi vida. Decidí empezar a estudiar, poner fin a mi relación de pareja, cambiar de trabajo... Fue a partir de ese momento que tomé las riendas para transformar mi camino.

¡Es increíble cómo la conciencia de nuestra mortalidad puede alterar tanto nuestra perspectiva y nuestras decisiones!

8 ¿Qué importancia tienen para ti las pequeñas rutinas o hábitos en el camino hacia sentirte mejor?

Las rutinas son importantes, siempre y cuando no se conviertan en una prisión, siempre que las determine yo. Una rutina puede llegar a ser algo positivo, pero también puede llegar a sentirse restrictiva si no se tiene la libertad de modificarla. Ahora, las rutinas que tengo son sanas, saludables y modificables. Si alguna vez me las salto, no pasa nada, incluso está bien.

Una de las rutinas que he adquirido y que realmente me llena es la que desarrollo antes de dormir. Cada noche, antes de acostarme, me digo lo que es verdad: "me amo profundamente". Y lo mismo hago por la mañana. Antes, esto era una imposición, una instrucción, pero ahora ya no lo siento así. Ahora es algo que vivo y siento de manera auténtica. Al igual que eliges lo que comes, el ejercicio que haces o la ropa que vistes, también puedes elegir cómo te hablas a ti mismo. De hecho, es de las pocas cosas que realmente puedes escoger. Las cosas importantes, como un accidente, no se pueden elegir.

Ver cómo ese diálogo interno comienza a cambiar, y cómo me empiezo a decir cosas como las

> *NOMBRAR LO QUE SIENTO,*
>
> *COMO DECIR*
>
> *"ESTOY ASUSTADO",*
>
> *ME AYUDA A CALMARME*
>
> *Y ENTENDER*
>
> *MEJOR*
>
> *MIS EMOCIONES*
>
> —EL VIAJERO INTERIOR

que hago por las mañanas —"me acojo, me cuido, puedo contar conmigo, puedo confiar, pase lo que pase, cuidaré de mí"— es algo que hago mirándome al espejo. Hay otras rutinas, como tomarme la pastilla para la presión, que requieren constancia. Pero en estos últimos meses, esto se ha convertido en algo que me ayuda, no como una imposición, sino como un recordatorio diario de quién soy. Y en lugar de identificarme con los demás, lo hago para mí mismo: me hago cargo de mi vida, puedo contar conmigo, me acojo, me abrazo. Pero todo esto lo hago de una manera sentida, vivida, no desde el convencerme a mí mismo, sino desde dentro hacia afuera.

EL APOYO EMOCIONAL
Y LOS VÍNCULOS AFECTIVOS
SON FUNDAMENTALES
PARA EL BIENESTAR
Y EL DESARROLLO
DE LOS NIÑOS

—EL VIAJERO INTERIOR

9 *¿Qué papel juegan el arte, la música, o la naturaleza en tu bienestar emocional?*

La naturaleza tiene un papel enorme en mi bienestar. Es un lugar donde conecto de manera casi inmediata, sin esfuerzo, y siempre encuentro calma y equilibrio.

En cuanto al arte, mi última experiencia fue en un museo, donde quedé maravillado con la belleza y la profundidad de las obras que vi. Esas expresiones artísticas me llegaron profundamente, especialmente cuando se trata de piezas pictóricas relevantes para nuestra cultura compartida. Aunque no suelo buscar activamente el arte, hay ocasiones en las que me sorprende y logra conmoverme.

La naturaleza, sin embargo, tiene una conexión más directa conmigo; es como si fuese un refugio constante, un espacio donde todo fluye con naturalidad.

Cuando yo mismo hago arte, especialmente en contextos relacionados con la formación personal, me resulta muy beneficioso. Actividades como crear mandalas o expresar emociones a través del arte me ayudan muchísimo. Es una forma de canalizar lo que siento, de conectar conmigo mismo y de encontrar equilibrio emocional. Este tipo de prácticas me brindan una sensación de bienestar y claridad, además de ser una herramienta poderosa para explorar mi mundo interior.

La música también me impacta profundamente. Me gusta dejarme llevar por ella, bailar, sentirla en el cuerpo y moverme a su ritmo. Es una forma de conectar con mis emociones y disfrutar el momento de una manera muy natural y liberadora.

LA NATURALEZA

ME CONECTA INMEDIATAMENTE CON LA CALMA,

EL ARTE

ME CONMUEVE PROFUNDAMENTE

Y LA MÚSICA

ME PERMITE LIBERAR EMOCIONES

—EL VIAJERO INTERIOR

10 ¿Cómo describirías el apoyo que has recibido de tu entorno? ¿Hay algo que agradecerías que fuera diferente?

Recientemente experimenté algo que consideré un pequeño milagro. Una de las quejas más profundas que siempre he tenido ha sido con mi madre. Después de la muerte de mi padre, asumí la responsabilidad de cuidar a mi madre durante muchos años, cuando pienso que debería haber sido al revés.

Mi madre solía decirme "por ti vivo", una frase que yo sentía como una carga, una gran responsabilidad. Ella lloraba todas las noches, expresando lo difícil que era su situación. Yo venía de la escuela angustiado, temeroso de enfrentarme a una situación complicada, como encontrarla en la calle, bajo la ventana. No le di importancia a esto hasta que lo compartí con alguien, y esa persona lo vio como un gran problema, algo que yo no había detectado. Fue un sufrimiento muy profundo para mí.

Mi madre, sin embargo, veía las cosas de otra forma. Pensaba que yo debería ver esa frase como algo honorable, como una bendición, como un reto hermoso que la vida me ponía. Fue en una conversación sobre la palabra "acoger" que comprendí un poco más sobre lo que me estaba pasando. Al hablar con alguien, me mencionaron sinónimos, y "amparo" fue el que más me resonó. Lo que realmente me hubiera ayudado en ese momento es que mi madre me hubiera dicho algo como "me tienes, saldremos de esta", "te ofrezco seguridad y protección". Ella me lo dijo hace poco, y creo que fue la primera vez que sentí ese verdadero acogimiento de su parte.

Después de esa conversación, pude finalmente devolverle el favor y decirle que durante muchos años estuve atrapado en el rencor y el resentimiento, lo que me hizo sufrir mucho. Le reconocí que este dolor había sido una forma de no estar nunca satisfecho, de no valorar los esfuerzos que ella hacía por mí. Reconocer esto fue un alivio.

Aunque mi madre, a su manera, siempre mostró interés por mí, su forma de hacerlo no era lo que yo necesitaba. Esto me dejó con un enfado que duró mucho tiempo. Sin embargo, últimamente he visto que hay una intención de comprensión de su parte. Muchas de nuestras discusiones pasadas surgieron de la incomprensión o de su negación de mi dolor, como cuando me decía: "no le des más vueltas" o "¿qué importa?".

En los últimos tiempos, he permitido que su presencia, como madre, me llegue de una manera diferente. Al reflexionar sobre esto, me viene a la mente la imagen de una caja herméticamente cerrada. Si no haces un gesto para abrirla, la luz no puede entrar. A veces, somos esa caja, y solo nosotros podemos decidir abrirla. Si eliges seguir enfadado, la luz no entra, por más que el otro lo intente.

Lo que he comprendido es precisamente esa posibilidad: abrirme a que esa luz, esa comprensión, entre. Me di cuenta de que siempre estuvo allí, pero yo estaba cerrado, bloqueado por el enojo y la frustración. Ese cambio de perspectiva ha transformado profundamente mi manera de percibir y valorar su presencia.

> *EL PROCESO DE CRECIMIENTO ES INCÓMODO, PERO ES NECESARIO PARA EVOLUCIONAR Y ENTENDERME MEJOR*
>
> —EL VIAJERO INTERIOR

En cuanto a mis parejas, tampoco he sentido el apoyo que esperaba. Llegué a darme cuenta de que ellas no podían dármelo porque tampoco lo tenían, aunque yo tampoco me dejaba. Es como en una situación extrema, como la que enfrenta un matrimonio cuando pierde a un hijo: ambos sienten tanto dolor que lo único que desean es el apoyo del otro, pero ninguno puede ofrecerlo porque cada uno tiene su propio dolor. Para poder apoyar al otro, tienes que apartar momentáneamente tu dolor y atender el del otro, pero si no puedes hacerlo, es imposible brindar ese apoyo.

11 ¿Qué te ayuda a expresar lo que sientes, especialmente en momentos en los que es más difícil ponerlo en palabras?

Lo que más me ayuda es darme cuenta. A veces, lo primero que hago es tipificar lo que siento:

> *ME AYUDO CON UN DIÁLOGO INTERNO DE AMOR PROPIO*
>
> —EL VIAJERO INTERIOR

—¿Cómo estás? (xxxviii)
—Pues estoy asustado.

Cuando logro ponerle una palabra, me siento más tranquilo, como si ya tuviera algo claro. O a veces es un proceso de descarte, como un juego de eliminación:

—¿Tienes miedo?
—No.
—¿Estás contento?
—No.
—¿Estás triste?
—No.

LA EMPATÍA ES CRUCIAL

PARA CONECTARME

CON LOS DEMÁS,

PERO TAMBIÉN ES IMPORTANTE

NO PERDER MI IDENTIDAD

EN EL PROCESO

—EL VIAJERO INTERIOR

Entonces, lo único que queda es el enfado:

—¿Estás enfadado?
—Sí.

A partir de ahí, lo que me va bien es graduar la emoción:

—Del uno al diez, ¿cómo estás de enfadado?
—Cinco.
—Bueno, pues aún es soportable.

O, en otro momento:

—Del uno al diez, ¿cómo estás de enfadado?
—¿Ocho?
—Entonces, podríamos hacer algo para gestionar este enfado, para acogerlo...

Últimamente me estoy haciendo amigo del enfado. Me pregunto:

—¿Qué te pasa?
—Estoy muy enfadado, porque es muy injusto, porque no hay derecho...
—Vale, entonces lo que quieres es protegerme...

Me doy cuenta de que el enfado tiene un propósito positivo. Este diálogo que tengo conmigo mismo se vuelve cada vez más beneficioso. También me ayuda mucho el tomar consciencia de mis emociones. Cuando me doy cuenta de que llevo mucho tiempo dándole vueltas a algo, trato de concretar:

> ## EL PRIMER PASO PARA SANAR ES RECONOCER LO QUE ME DUELE
>
> —EL VIAJERO INTERIOR

—*A ver, estás hace media hora dándole vueltas a esto ¿Qué te pasa?*
—*Pues estoy dolido porque...*

Y, así, si soy capaz de ponerle una frase, ya está.

Por ejemplo:

—*Estoy dolido porque el otro no me ha hecho el caso que yo quería.*
—*¿Qué es lo que te hubiera agradado?*
—*Que el otro me hubiera escuchado, que me hubiera tenido en cuenta. Y no lo ha hecho.*
—*¿Y tiene alguna obligación?*
—*No.*
—*¿Te lo puede ofrecer realmente?*
—*No.*

Entonces, bueno, si el otro no me lo puede ofrecer, entonces quizá ese enfado no tiene sentido, porque realmente no tiene base.

Ahora tengo muchas más herramientas para estar bien.

ME AYUDA MUCHO EL TOMAR CONSCIENCIA DE MIS EMOCIONES

—EL VIAJERO INTERIOR

12 ¿Cómo has aprendido a manejar situaciones que antes te resultaban especialmente complicadas?

Viviéndolas. Sintiéndolas. Experimentándolas.

Antes, cuando me enfrentaba a situaciones realmente complicadas, lo que más deseaba era escaparme. Quería huir, quería ahorrarme el dolor, quería anestesiarme de alguna manera.

Pero al final, cuando te das cuenta de que nada de eso funciona, que nada te permite evadirte o distraerte, lo único que puedes hacer es intentar sostenerlo lo mejor posible. Te sientas en el sofá y sientes un vacío abrumador que parece consumirlo todo, y en ese instante piensas: "Si esto me vence, que así sea", porque ya no puedes seguir evadiéndolo.

EL SIMPLE ACTO

DE RESPIRAR

ME TRANSFORMA

Y ME LLEVA A LA PAZ

—EL VIAJERO INTERIOR

Por mucho que corras, esa situación siempre te acaba alcanzando. Al final, llegué a la conclusión de que, si vuelve a estar aquí, lo mejor es afrontarlo. Vivirlo. Sostenerlo. Cruzarlo. Es muy difícil, pero es la única forma en la que ahora logro conectar conmigo mismo. Y esto me ha dado mucha confianza, porque he ido creando esa figura dentro de mí, esa parte de mí que ahora puede sostener esas situaciones.

Antes, sentía que no había nadie, ni siquiera yo. Era una soledad tan grande que ni yo estaba presente. Ahora, he tenido que crear esa "presencia" que es capaz de sostener estas situaciones. Si esto se me va de las manos, ¿qué es lo peor que puede pasar? "Perderlo absolutamente todo." Y ya está. Hay que afrontarlo.

CADA NOCHE, ANTES DE ACOSTARME,

ME DIGO LO QUE ES VERDAD:

"ME AMO PROFUNDAMENTE"

—EL VIAJERO INTERIOR

13 ¿Qué esperas o deseas para ti mismo/a en el futuro, en términos de bienestar y tranquilidad?

Lo único que espero en el futuro es seguir desarrollando esas tres capacidades que están en todos los seres humanos: la capacidad de amar, la capacidad de comprender (sabiduría, amor) y la energía, que es la capacidad de transformar. Me doy cuenta de que puedo movilizarlas conscientemente, sin importar la edad que tenga. Siempre habrá momentos en los que podré seguir movilizando estas capacidades con consciencia.

> **ACEPTAR EL DOLOR,**
>
> **NO NEGARLO,**
>
> **ES LO QUE ME DA PODER**
>
> **PARA SEGUIR ADELANTE**
>
> —EL VIAJERO INTERIOR

La capacidad de amar, de acoger, de ser amigo de los otros, de la vida. Al final, me doy cuenta de que la vida no se preocupa por mí de la manera en que yo a veces creo. La vida solo quiere manifestarse a través de mí y evolucionar. Y cuando comprendes esto, te das cuenta de que no tienes una voluntad que pueda ir en contra de la vida. Tienes una voluntad con la cual puedes decidir unirte a ella, colaborar con ella. Puedes decidir ir en contra, pero eso hace mucho daño. Así que, sarcásticamente, libremente y voluntariamente, decides colaborar.

¿De qué va esto? De aprender a amar. Tanto si quieres como si no, aprenderás a amar.

Lo que espero del futuro es poder sintonizar y alinearme con ese propósito, el de la vida, el de aprender a amar, y seguir haciéndolo tanto tiempo como me sea posible. Y si miro atrás, todo lo que me ha pasado tiene este propósito detrás: el amor del padre, las ausencias familiares, la falta de sanar. La vida siempre está diciendo lo mismo: "confía". Lo que sucede es que nosotros, a través de las experiencias, les damos un significado de miedo. Por ejemplo, al nacer sentí asfixia, entonces el significado que le di fue que no era bienvenido, que tenía miedo de morirme. Eso es un significado, pero el hecho de que no pudiera respirar no tiene por qué ser algo personal. Es como si un tiesto te cae en la cabeza y luego decides no salir nunca más a la calle. Fue mala suerte ese día, pero no tienes que asociarlo con no salir nunca más. El significado depende mucho de cómo lo tomemos.

La vida no tiene nada en contra de nosotros; lo que quiere es que participemos. Y cuanto más te atreves a participar, eso es lo que espero: participar más de esta vida.

Y si puedo pasarla bien en el tiempo que me queda, mucho mejor.

> **PIENSO QUE QUIENES ME AMAN**
>
> **Y HAN ESTADO CONMIGO**
>
> **QUIEREN LO MEJOR**
>
> **PARA MÍ**
>
> —EL VIAJERO INTERIOR

14 Si pudieras transmitir un mensaje a quienes están pasando por algo similar, ¿qué les dirías desde tu experiencia?

Les diría exactamente lo que me digo a mí mismo: si pudiera ir, en esos momentos de máxima oscuridad, a esa versión de mí que vivió esos momentos hace 20 años y pudiera hablar con ese yo, y solo me dejara decirle una palabra, siempre sería la misma: "confía".

Al final, la vida es como un río, en el que estamos flotando. Somos como corchos: por mucho que intenten hundirnos, siempre volvemos a aflorar. Puede sonar raro, porque cuando estás sumergido, la sensación de ahogo es enorme, pero siempre vuelves a la superficie. Lo único que puedes hacer es confiar.

15 ¿Qué es lo más importante que te gustaría que las personas a tu alrededor sepan sobre cómo pueden apoyarte mejor?

Que me acepten tal como soy. Que no intenten cambiarme. Sé que a veces puedo causar dolor, porque mi dolor también les afecta, pero si tienen la capacidad de tranquilizarse y acoger mi dolor, eso me ayuda.

Recuerdo que durante los tres años que estuve con medicación psiquiátrica, mi madre siempre me decía: "saldrás de esto", "te recuperarás". Eso lo viví y fue muy importante para mí.

A veces, el sufrimiento es tan grande que sientes que no puedes más, que no puedes sostenerlo. Y me dolería mucho que las personas que amo, si alguna vez tomo una decisión drástica, se sintieran culpables por ello.

Lo que pasa dentro de cada persona solo lo sabe esa persona. Y pienso que quienes me aman y han estado conmigo quieren lo mejor para mí. Todos hacemos lo mejor que podemos con lo que sabemos.

Saber pedir ayuda explícitamente no siempre es fácil, y el otro tiene que estar en condiciones de escuchar sin empeorar la situación. Saber que alguien está allí para acogerme es vital, pero también entiendo que no todos están preparados para esto.

He aprendido con el tiempo que hay muy pocas personas en las que realmente puedo confiar. He llorado mucho. Antes pensaba que con las parejas podría encontrar ese lugar de acogimiento, pero no fue así.

Honestamente, lo que siento dentro de mí es que mi vida no me pertenece. No puedo tomar decisiones drásticas que cambien la calidad de mi vida. Mi vida la estoy viviendo, la estoy administrando, pero no es mía. He repetido durante años un decreto: "soy la puerta abierta que nadie puede cerrar". Esa puerta abierta es algo que no puedo cerrar. Ojalá pueda seguir sintiendo durante muchos años.

> *¿DE QUÉ VA ESTO?*
> *DE APRENDER A AMAR.*
> *TANTO SI QUIERES COMO SI NO,*
> *APRENDERÁS A AMAR*
>
> —EL VIAJERO INTERIOR

Si aprendo a decir esto sin acusar, el otro tiene que ser lo suficientemente maduro como para no tomárselo personalmente, y ser capaz de interpretar lo que uno está diciendo.

Al final, todos hacemos lo mejor que podemos con lo que sabemos. ⁙

La voz del Vínculo

UNA MIRADA PROFUNDA
SOBRE EL AMOR Y LOS RETOS
DE SER HERMANA DE UNA PERSONA
CON DISCAPACIDAD

Viajero de la Bruma

1 *¿Cómo describirías el impacto que la discapacidad de tu familiar ha tenido en tu forma de ver la vida?*

No puedo compararlo con ninguna otra forma de vida, porque esta ha sido siempre la mía. Sin embargo, sin duda, ha influido profundamente en mi forma de entender las limitaciones que todos, en algún momento, podemos enfrentar. Hay momentos en los que esas limitaciones parecían insuperables, incluso como si fueran un desafío para toda la humanidad. Pero, al mismo tiempo, con el paso de los años, me he dado cuenta de que vivir con esta realidad me ha hecho mucho más consciente de las limitaciones humanas, no solo las de mi hermana, sino también las propias.

Estoy segura de que si no tuviera a mi hermana con discapacidad, mi vida sería muy distinta. No sé exactamente cómo, pero sin duda lo sería.

A MENUDO, LA GENTE PIENSA QUE

LAS PERSONAS

CON DISCAPACIDAD INTELECTUAL

NO TIENEN CRITERIO

O NO SON CAPACES DE APORTAR

ALGO SIGNIFICATIVO

—LA VOZ DEL VÍNCULO

2 *¿Qué aspectos positivos crees que esta experiencia ha aportado a tu familia?*

Creo que lo que más nos ha aportado ha sido una gran dosis de paciencia. Cuando vives con alguien con discapacidad, no tienes opción, necesitas comprender, aprender a aceptar, y sobre todo a ser paciente. Si no lo haces, simplemente terminas chocando contra una pared. Esta situación, aunque difícil, nos ha dado una perspectiva más realista de la vida. Nos ha obligado a

LAS ACTIVIDADES CREATIVAS

HAN SIDO ESENCIALES

PARA ELLA

—LA VOZ DEL VÍNCULO

todos a ser más conscientes, más sensibles. Por ejemplo, mis hijos son mucho más naturales y comprensivos con las personas que tienen dificultades. No discriminan, porque han crecido en un entorno donde la diferencia es parte de la normalidad.

Dentro de la familia, la discapacidad de mi hermana también nos ha unido más. Todos sabemos que debemos cuidarnos mutuamente, que no importa cuán distantes estemos, siempre debemos estar allí el uno para el otro. Aunque, a veces, con aquellas personas con las que no nos llevamos tan bien, acabamos encontrando puntos de encuentro, porque la situación lo exige.

LOS NIÑOS NO VEN LAS DIFERENCIAS
QUE A VECES NOSOTROS VEMOS,
Y ESO ME HA HECHO REFLEXIONAR MUCHO
SOBRE CÓMO DEBERÍA SER
NUESTRA RELACIÓN CON ELLA:
SIN PREJUICIOS,
SIMPLEMENTE CON AMOR

—LA VOZ DEL VÍNCULO

3 *¿Qué habilidades o aprendizajes personales has desarrollado para acompañar a tu familiar en su camino?*

Es difícil poner en palabras cómo me ha transformado esta experiencia. Creo que mi vida profesional y personal están muy marcadas por mi historia con mi hermana. Quizá no lo elegí conscientemente, pero sin duda elegí la psicología porque, de alguna manera, esa inclinación hacia el acompañamiento y la ayuda ya estaba en mí. Ahora, soy mucho más comprensiva y empática con las dificultades de otras personas y de las familias que atraviesan situaciones similares. Aunque trato de no dejar que me afecte demasiado, sé que este aprendizaje ha influido mucho en mi vida y en la forma en que me relaciono con mis hijos y con otros.

4 ¿Cómo manejas la presión social o los prejuicios que puedan existir hacia las personas con discapacidad intelectual y sus familias?

He pasado por distintas fases en este aspecto. Cuando era pequeña, me enfadaba mucho cuando la gente miraba a mi hermana o decía cosas sobre ella. No me gustaba que la trataran de forma diferente, me molestaba profundamente. Sin embargo, con los años y con la madurez, he aprendido a ver estas situaciones de manera distinta. Ahora soy capaz de entender que esas miradas o comentarios provienen de personas que, por diferentes razones, no tienen la capacidad de aceptar lo que no entienden. Lo que antes me hacía enfurecer, ahora lo veo con más calma. La clave está en aceptar las limitaciones propias, y eso es algo que mi hermana me ha enseñado de una forma única.

> *LA EXPERIENCIA NOS HA UNIDO DE UNA FORMA MUY ESPECIAL*
>
> —LA VOZ DEL VÍNCULO

Me emociona ver a mi hermana feliz con lo que tiene, y eso me conecta más con mi propia fortaleza. Al principio, era fácil centrarse en lo que le faltaba o en lo que no podía hacer, pero con el tiempo he aprendido a ver sus puntos fuertes. Y eso cambia todo, porque ya no se trata solo de lo que no tiene, sino de lo que sí tiene, y eso me emociona profundamente.

> *LOS GRUPOS Y ASOCIACIONES REALMENTE APORTAN MUCHO, NO SOLO A MI HERMANA, SINO TAMBIÉN A NOSOTROS COMO FAMILIA*
>
> —LA VOZ DEL VÍNCULO

5 ¿Qué papel juegan las redes de apoyo, como amigos o asociaciones cotidianamente?

Hasta hace poco, mi hermana no estaba involucrada con ninguna asociación ni grupo especializado aunque sí participó de actividades sociales de la comunidad. Pero recientemente, cuando empezó a participar en estos espacios especializados para personas de su perfil, me he dado cuenta de lo valioso que puede ser. Los grupos y asociaciones realmente aportan mucho, no solo a mi hermana, sino también a nosotros como familia. Ella ha encontrado un lugar donde se siente aceptada y apreciada. La participación en actividades, como caminatas organizadas por el ambulatorio, y esos pequeños gestos de apoyo, como el acompañarla cuando no puede ir por sí sola, realmente han mejorado su calidad de vida.

> *VIVIR CON ESTA REALIDAD ME HA HECHO MUCHO MÁS CONSCIENTE DE LAS LIMITACIONES HUMANAS*
>
> —LA VOZ DEL VÍNCULO

6 ¿Cómo ha influido esta experiencia en la relación entre los distintos miembros de tu familia?

A nivel de hermanos, la experiencia nos ha unido de una forma muy especial. Todos sabemos que tenemos que apoyarnos mutuamente y sobre todo a ella y eso crea una sensación de unidad que, a veces, no reconocemos de inmediato. Con mis padres también hemos sentido ese instinto protector pero, a la vez, hemos tenido que entender que no siempre podrían estar allí para ella. Mis hijos también me han enseñado mucho en este aspecto, ya que los veo tratar a mi hermana de una manera ¡tan natural! Ellos no ven las diferencias que a veces nosotros vemos, y eso me ha hecho reflexionar mucho sobre cómo debería ser nuestra relación con ella: sin prejuicios, simplemente con amor.

> *VERLA SUPERAR ESTOS MOMENTOS TAN DIFÍCILES HA SIDO PROFUNDAMENTE EMOTIVO*
>
> —LA VOZ DEL VÍNCULO

7 ¿Qué pequeños logros o avances de tu familiar te han emocionado más?

Uno de los logros más sorprendentes ha sido cómo ha afrontado la muerte de nuestros padres. Mi hermana, que siempre había sido tan dependiente de nosotros, se mostró increíblemente fuerte en esos momentos. En particular, cuando mi padre falleció, ella fue quien lo cuidó hasta el final, enfrentando una etapa difícil y viendo cómo su salud se deterioraba. Nos sorprendió cómo logró sobreponerse a esa situación tan dura. Al perder a mi madre, pensábamos que sería mucho más difícil para ella, pero una vez más, nos sorprendió. Encontró la fuerza para mantenerse positiva y enfocada en las cosas que le dan alegría. Verla superar estos momentos tan difíciles ha sido profundamente emotivo.

> *ES COMO SI ELLA,*
>
> *A SU MANERA,*
>
> *ME ENSEÑARA*
>
> *QUE TODOS PODEMOS*
>
> *ENCONTRAR LA FUERZA*
>
> *PARA SEGUIR ADELANTE*
>
> —LA VOZ DEL VÍNCULO

8 ¿Cómo describes la relación de tu familiar con otras personas fuera del entorno familiar, como vecinos, compañeros o amigos?

Mi hermana tiene una forma única de relacionarse con las personas. Con los vecinos y personas mayores, establece una relación que se basa en la vitalidad que ella les transmite. Aporta una energía pura, esa inocencia y alegría de vivir que muchas veces perdemos en la adultez. Con sus amigas, que también tienen algún tipo de discapacidad, la relación es más práctica y operativa. Se apo-

> *ELLA NECESITA ESE SENTIDO*
>
> *DE PROPÓSITO,*
>
> *DE SENTIRSE REALIZADA,*
>
> *COMO CUALQUIER OTRA PERSONA*
>
> —LA VOZ DEL VÍNCULO

yan mutuamente, pero también son conscientes de que se necesitan para salir, para hacer cosas juntas. Sin embargo, cuando se trata de personas cercanas a ella, como la cuidadora o algunos familiares, se muestra más dependiente, pidiendo que otros hagan las cosas por ella, como una forma de sentirse cuidada.

EL ARTE,

EN TODAS SUS FORMAS,

LE PROPORCIONA UN REFUGIO

Y UN CANAL

PARA EXPRESAR

SU SER

DE UNA MANERA QUE LAS PALABRAS

NO SIEMPRE LOGRAN

—LA VOZ DEL VÍNCULO

9 *¿Qué recursos o herramientas crees que harían una diferencia significativa en la calidad de vida de tu familiar?*

Creo que lo que más le ayudaría sería poder acceder a alguna actividad laboral adaptada a sus capacidades, algo que la haga sentir útil para la sociedad. Ella necesita ese sentido de propósito, de sentirse realizada, como cualquier otra persona. Ha tenido algunas experiencias de voluntariado y se ha sentido mucho más valorada y llena cuando ha tenido la oportunidad de ayudar a otros. Me gustaría que pudiera tener más oportunidades como esas.

10 *¿Qué mitos o ideas erróneas sobre la discapacidad intelectual te gustaría que la gente entendiera mejor?*

A menudo, la gente piensa que las personas con discapacidad intelectual no tienen criterio o no son capaces de aportar algo significativo. Pero eso no es cierto. Si te tomas el tiempo de escuchar, te das cuenta de que tienen una mirada sobre la vida única, a veces más clara que la nuestra. En el caso de mi hermana, su discapacidad no es una limitación para disfrutar del presente. Ella vive el "aquí y ahora" de una manera pura, sin las cargas del pasado ni las preocupaciones por el futuro. A veces, me gustaría poder ver el mundo con sus ojos, porque tiene una forma de conectar con lo esencial de la vida que muchos de nosotros hemos perdido.

11 ¿De qué manera las actividades creativas, como el arte, la música o el deporte, han sido útiles para tu familiar o para la familia en general?

Las actividades creativas han sido esenciales para ella. Ya sea pintando, haciendo manualidades, o incluso escuchando música, estas actividades la reconectan con un espacio tranquilo y revitalizador. El arte, en todas sus formas, le proporciona un refugio y un canal para expresar su ser de una manera que las palabras no siempre logran. Estas experiencias no solo la ayudan a ella, sino también a nuestra familia, creando momentos de conexión profunda.

12 ¿Qué emociones predominan en ti al observar los retos y logros de tu familiar?

Es una mezcla de satisfacción y alivio. Ver a mi hermana superar obstáculos que antes parecían imposibles me llena de orgullo y me da paz. Aunque en ocasiones su dependencia me pesa, al ver que ha logrado cosas por sí misma, me siento más tranquila. Es como si ella, a su manera, me enseñara que todos podemos encontrar la fuerza para seguir adelante, incluso cuando parece que estamos más frágiles que nunca.

13 Si pudieras cambiar algo en la sociedad para mejorar la vida de las personas con discapacidad intelectual, ¿qué sería?

Sin duda, cambiaría el sistema capitalista. Este modelo de sociedad valora únicamente lo que produce dinero, y deja de lado a quienes, por su naturaleza, no pueden contribuir de la misma forma. Creo que todos, independientemente de nuestras habilidades, deberíamos tener el derecho a una vi-

> **VERLA SUPERAR ESTOS MOMENTOS TAN DIFÍCILES HA SIDO PROFUNDAMENTE EMOTIVO**
>
> —LA VOZ DEL VÍNCULO

da plena y enriquecedora. No se trata de hacer a todos iguales, sino de darles a las personas con discapacidad la oportunidad de brillar en su propia forma, en su propio tiempo. Necesitamos crear una sociedad que valore las diferencias, no que las vea como barreras.

14 ¿Cómo afrontas los momentos más difíciles emocionalmente y qué te ayuda a seguir adelante?

En los momentos difíciles, lo primero que hago es buscar el apoyo de amigos y personas cercanas. Hablar y compartir lo que siento es una de mis herramientas más valiosas. También escuchar música, especialmente cuando siento la necesidad de conectar conmigo misma, me ayuda mucho a liberar emociones. El deporte es otro refugio importante para mí.

> *APORTA UNA ENERGÍA*
>
> *PURA,*
>
> *ESA INOCENCIA*
>
> *Y ALEGRÍA DE VIVIR*
>
> *QUE MUCHAS VECES PERDEMOS*
>
> *EN LA ADULTEZ*
>
> —LA VOZ DEL VÍNCULO

Tengo pendiente retomar el canto, algo que siempre me ha dado paz.

15 ¿Qué lección crees que el resto del mundo podría aprender de tu familiar y de su forma de ver la vida?

Creo que la lección más valiosa es la capacidad de vivir en el presente, con una mirada fresca, sin complicarse por lo que no puede controlarse. Mi hermana tiene una capacidad impresionante para ser feliz con lo que tiene, sin necesidad de grandes cosas. Se contenta con lo más sencillo: comer bien, estar en paz, disfrutar de las pequeñas alegrías de la vida. Su forma de ver el mundo me enseña todos los días a disfrutar de lo que realmente importa y a no obsesionarme con lo que no puedo cambiar.

16 ¿Algo más que quisieras compartir?

He pasado por muchos momentos difíciles relacionados con la discapacidad de un familiar. En este proceso, he tenido que hacer un trabajo profundo a nivel terapéutico para poder integrar todo lo que significa tener una persona con discapacidad en la familia. No ha sido fácil, y no todo es tan simple como decir "qué bueno tener a alguien así en la familia". Es una mezcla de cosas buenas, pero también muy duras. A veces, me he sentido desbordada, incluso he tenido miedo de que algo similar pudiera ocurrir en mi propia vida, o con mis hijos, aunque sé que no es algo genético, sino circunstancial.

> *CREO*
> *QUE LA LECCIÓN MÁS VALIOSA*
> *ES LA CAPACIDAD DE VIVIR*
> *EN EL PRESENTE,*
> *CON UNA MIRADA*
> *FRESCA*
>
> —LA VOZ DEL VÍNCULO

Este miedo ha dejado huellas en nuestra familia, y ha sido un proceso que hemos tenido que trabajar profundamente. He tenido que enfrentar muchas preguntas sobre por qué a ella y no a mí, y lidiar con los miedos de ser madre y temer que a alguno de mis hijos le pase algo similar. El impacto de esa incertidumbre ha marcado la relación con mis hijos, algo que he tenido que procesar y sanar.

También es importante reconocer que, a pesar de todo lo difícil, hemos tenido suerte de que mis padres pudieran trabajar y generar suficiente dinero. Si no fuera por eso, no sé cómo estaríamos hoy. Gracias a ellos, mi hermana tiene una calidad de vida que, aunque no es fácil, le ha dado la posibilidad de ayudarnos a todos. ⁘

¡Gracias!

¡Gracias, gracias de todo corazón!

Si has llegado hasta aquí, has sido parte de este viaje,
y eso significa mucho para mí.
Cada página y cada verso reflejan tu energía y tu disposición
para sumergirte en lo que deseo compartir.

Tu tiempo y tu apertura son un regalo, y quiero agradecerte
sinceramente por haber dedicado un espacio a este libro.

A aquellos que han abierto este libro directamente en esta
sección: no te preocupes por el orden.

¡Gracias, de nuevo, por estar aquí!

El colectivo

Este libro no es solo el fruto de mi escritura, sino el reflejo de un esfuerzo colectivo, una colaboración en la que muchas personas han puesto su tiempo, su energía y su corazón. Ha sido posible gracias a todos los que, con generosidad, compartieron sus vivencias y conocimientos, especialmente aquellos que trabajan día a día con personas con necesidades específicas o con diversidad de habilidades. Las historias de quienes han dedicado su vida a acompañar a otros en sus luchas más silenciosas han sido una fuente de inspiración y guía en este proyecto.

Quiero reconocer a las familias y allegados de estas personas, quienes —a menudo de manera invisible— enfrentan retos extraordinarios. Ellos son los que viven una realidad de la que a menudo no se habla: la del amor profundo, pero también las dificultades y sacrificios que conlleva el apoyo constante a aquellos que necesitan más ayuda. Su valentía, su paciencia, su capacidad de amar y sostenernos han sido una fuente invaluable para comprender mejor la complejidad de las emociones humanas y las relaciones que surgen en estos contextos.

Gracias a estas personas, pude también adentrarme en el alma de la experiencia humana desde una perspectiva más profunda, conectando emociones que, desde otra perspectiva, muchas veces nos hacen sentir solos o incomprendidos. Cada conversación, cada historia compartida, contribuyó a hacer este libro más completo, más cercano a la realidad compartida de quienes viven con desafíos invisibles.

Es un testimonio de que la verdadera fuerza de un proyecto radica en la colaboración, en la unión de voces que, aunque diferentes, se complementan para dar forma a algo más grande.

A todas y todos,
les expreso mi más sincero agradecimiento
por hacer posible este trabajo,
por abrir sus corazones
y compartir aquello que, con frecuencia, se oculta
en la oscuridad y se pierde en el olvido,
a pesar de su gran valor para la sociedad.

Sentir, ganar, aprender

Lo que he sentido a lo largo de este viaje no puede ser reducido a una sola emoción. Ha sido un caudal de sensaciones maravillosas y enormemente gratificantes: algunas intensas, otras fugaces, pero todas necesarias. La bruma que al principio parecía tan densa y desalentadora, al final no ha impedido que vea con más claridad. He sentido miedo y duda, pero también la fuerza de la transformación, la certeza de que cada paso, por pequeño que fuera, traía consigo una oportunidad.

Lo que he ganado es una mejor comprensión de mí mismo y de los demás. Sé que los momentos de calma y de caos no son opuestos, sino partes complementarias de la realidad, y he ganado más libertad para ser vulnerable en mi escritura, para explorar esos rincones oscuros y luminosos de la experiencia humana sin miedo a perderme. En este viaje, la verdadera ganancia sigue siendo la aceptación de lo que soy, con mis sombras y mi luz.

Lo que he aprendido es que cada etapa de la vida nos ofrece una oportunidad para ser realmente libres, esté o no presente la incertidumbre. He aprendido que, a veces, la claridad llega a pesar de la contradicción, y que las respuestas más significativas no siempre provienen de la comodidad o la conformidad. He aprendido, especialmente, que cada palabra que escribo, cada emoción que siento, es parte de una transformación más grande que no necesariamente tiene que ser comprendida en su totalidad, pero sí experimentada plenamente.

La luz en la bruma y más allá

Al llegar al final de este viaje, me detengo a reflexionar sobre el camino recorrido. La bruma, que al principio parecía un velo de incertidumbre, se ha convertido en un puente que conecta emociones, pensamientos y experiencias. Cada poema, cada palabra, fue una tentativa de entender y compartir aquello que a menudo se esconde en los rincones más profundos del ser.

Pero el viaje no termina aquí. La bruma nunca desaparece del todo; se transforma, se desplaza, se mezcla con la luz y la sombra de nuestros días. Mi esperanza es que estas páginas hayan sido un espacio para ti donde explorar tu propio paisaje interior, encontrar compañía en tus preguntas y, quizás, vislumbrar nuevas formas de comprender y habitar este mundo.

*¡Que la bruma sea siempre
un recordatorio
de la belleza en lo incierto
y un espacio
donde podamos encontrarnos!*

Sobre el Autor

arielOṁ nació como **Ariel Pedroso** en La Habana, Cuba, una ciudad donde la música y la poesía se entrelazan con la vida cotidiana. Su infancia estuvo marcada por la influencia de su madre, una trabajadora incansable en la educación, profesora ejemplar y directora de escuela, de su abuela, la compositora Mercedes Pedroso, y una formación musical sólida que incluyó piano, teoría musical y canto.

Su camino artístico lo llevó de Cuba a Cataluña, donde redescubrió sus raíces, y luego a Asia, donde la espiritualidad y los colores de Nepal e India dejaron una huella profunda en su visión creativa. Estas experiencias moldearon su obra, que **busca construir puentes entre culturas, sonidos y emociones**.

Para arielOṁ, la música y la poesía son inseparables. Sus palabras exploran los misterios del silencio mientras su música da voz a lo inefable. Desde Estados Unidos, continúa escribiendo y componiendo con un propósito claro: crear **arte sincero y humano que trascienda fronteras artificiales y conecte con lo universal**.

arielOṁ nos invita a sentir su viaje a través de notas y versos, recordándonos que **el arte es un lenguaje para comprendernos a nosotros mismos y al mundo**.

⁘ Descubre más sobre arielOṁ

Explora su música, escritos, proyectos y últimas novedades. Escanea el código QR y conecta con un mundo de arte y emociones.

Sitio web oficial: https://arielom.com

Poesía y Sonido

A lo largo del proceso de creación de esta obra, la música ha sido una compañera inseparable.

Viajero de la Bruma es más que un libro; es una invitación a conectar con la quietud y aceptar lo incontrolable. Te propongo explorar batallas internas, luces y sombras, y momentos de calma que nos recuerdan nuestra esencia y el poder transformador del amor.

También quiero invitarte a encontrar belleza en lo simple y a descubrir cómo las palabras y los sonidos resuenan en nuestra experiencia. Muchas de las piezas que compuse en otros momentos de mi vida me han acompañado e inspirado mientras escribía estos versos. Del mismo modo, estos poemas han dado forma a nueva música, que quizá también esté lista cuando leas estas palabras.

Por ello, te invito a acompañar la lectura con esa misma música que me inspiró y que ahora, de manera indirecta, forma parte de este viaje. Aunque no fue creada específicamente para este libro, su esencia complementa los temas que exploran los poemas: la introspección, las luces y sombras, y la búsqueda de calma y comprensión en medio de la bruma.

Cada poema refleja una emoción, y muchas de esas emociones también han tomado forma en mis composiciones musicales. *Viajero de la Bruma* es, así, una experiencia abierta y multisensorial, para descubrir conexiones entre la poesía y el sonido.

Encontrarás mi música, creada como **arielOm**, mezclando viajes personales con paisajes sonoros y en colaboración con **MeetaiMusic** para lograr expresiones más amplias.

Escanea el código para descubrir la música detrás de
Viajero de la Bruma

A través de estos códigos QR, podrás acceder a piezas que complementan los temas
y sensaciones de este libro, llevando la experiencia más allá de las palabras.

¡Déjate abrazar por la poesía y la música
para acercarte a emociones
que vibran en el alma!

Bheda Literary es un sello editorial dedicado a obras literarias que exploran las sutilezas de la experiencia humana y la riqueza de nuestras diferencias. Su nombre, inspirado en la palabra sánscrita *bheda* (भेद), evoca la idea de distinción, profundidad y significado, reflejando el compromiso con textos que invitan a la reflexión y al descubrimiento.

Como parte de **Meetai Publishing**, una división de **Meetai LLC** con sede en Las Vegas, Bheda Literary nace con la intención de dar voz a escritos que traspasan fronteras y despiertan la sensibilidad del lector. A través de cada publicación, buscamos ofrecer una experiencia que no solo inspire, sino que también transforme la percepción del mundo y de nosotros mismos.

Este sello acompaña la primera edición de *Viajero de la Bruma*, una obra que encarna la esencia de Bheda Literary: un viaje poético a través de la bruma de la existencia, donde cada palabra es un reflejo de lo humano, lo intangible y lo profundo.

El Creador entonces me dijo: "Hijo mío,
velé el conocimiento y te lo revelé
para que pudieras experimentar
su gloria[...]"
　　—Swami Venkatesananda. *El Yoga Supremo.*

Notas finales

Las notas y referencias proporcionan claridad y contexto sobre el libro. En ocasiones, un concepto puede ser complejo, y estas notas facilitan su comprensión. Si hay un tema que te interesa, las referencias te permitirán profundizar al acceder a otras fuentes.

Escanea este QR que te llevará a mi web, donde también encontrarás enlaces relacionados con algunas de las notas para que puedas explorar más a fondo los temas que te interesen.

(i) **Martí, José.** *Poesía Completa de José Martí I: Edición crítica. Tomo I.* Spain: RUTH, 2012, 268.

(ii) **Martí, José.** *Poesías de José Martí.* Cuba: Cultural, 1929, 14.

(iii) **Jiménez, Juan Ramón.** *Diary of a newlywed poet: a bilingual edition of Diario de un poeta reciencasado.* Greece: Susquehanna University Press, 2004, 101.

(iv) **Bonaddio, Federico.** *Federico García Lorca: The Poetics of Self-consciousness.* United Kingdom: Tamesis, 2010, 147.

(v) Estos poemas son un puente entre culturas. Al incluir sus versos, celebro cómo la poesía trasciende fronteras, conectando diferentes sensibilidades en torno a emociones comunes: fragilidad, asombro, vacío, y búsqueda de sentido.

Tanto Ungaretti como Montale escriben con palabras cuidadosamente elegidas. Traducirlas sin perder su precisión y carga emocional es un desafío, ya que cada palabra tiene múltiples connotaciones. La cadencia del italiano, con su fluidez natural, no siempre se replica en castellano. A veces, se deben sacrificar aspectos musicales para preservar el significado. Términos como "travaglio" o "disperde" tienen raíces culturales y emocionales específicas, difíciles de transmitir en otro idioma sin notas explicativas. Ambos poetas evocan imágenes abiertas a interpretación. Al traducir busco un equilibrio entre ser fiel al texto y dejar espacio para la imaginación del lector.

(vi) **Ungaretti, Giuseppe.** *A major selection of the poetry of Giuseppe Ungaretti.* Toronto: Exile Editions, 1997, 46.

Original
Vi arriva il poeta
e poi torna alla luce con i suoi canti
e li disperde

Traducción
Allí llega el poeta
y luego regresa a la luz con sus cantos
y los dispersa

Notas sobre la traducción

- "Vi" (Allí) sugiere un lugar físico y un espacio metafísico o espiritual.

- "disperde" (dispersa) tiene un matiz de fragilidad, como si los cantos fueran partículas efímeras que se pierden en el viento.

(vii) *The Poem Itself: 150 of the Finest Modern Poets in the Original Languages.* United States: University of Arkansas Press, 1995, 316.

Original
E andando nel sole che abbaglia
sentire con triste meraviglia
com'è tutta la vita e il suo travaglio

Traducción
Y andando bajo el sol que encandila
sentir con triste asombro
cómo es toda la vida y su esfuerzo.

Notas sobre la traducción

- "Triste meraviglia" (triste asombro) condensa maravilla y melancolía, una dualidad esencial en Montale.

- "Travaglio" (esfuerzo) abarca sufrimiento, lucha y trabajo, reflejando el peso existencial que puede subyacer en sus versos.

(viii) **Pessoa, Fernando.** *Poemas de Alberto Caeiro.* Germany: Ciranda Cultural, 2020, 105.

Original

Se, depois de eu morrer,
quiserem escrever a minha biografia,
Não há nada mais simples.

Tem só duas datas
— a da minha nascença e a da minha morte.
Entre uma e outra todos os dias são meus.

Traducción

Si, después de mi muerte,
quisieran escribir mi biografía,
no hay nada más sencillo.

Sólo hay dos fechas:
la de mi nacimiento y la de mi muerte.
Entre una y otra todos los días son míos.

Notas sobre la traducción

- "no hay nada más sencillo": El portugués usa "simples" como adjetivo, mientras que en español se traduce como "sencillo". Ambos términos son sinónimos, pero en el contexto de la frase en español, "sencillo" resalta más la simplicidad de la acción en contraste con "simple", que puede tener una connotación ligeramente diferente en la lengua original. La elección de palabras en cada idioma refleja sus particularidades culturales y estilísticas.

- "todos los días son míos" subraya una afirmación de la soberanía personal y de la simplicidad frente al tiempo, clave en la filosofía de Caeiro.

Fernando Pessoa, un genio literario portugués, creó múltiples heterónimos para explorar la multiplicidad de la identidad. Alberto Caeiro, "el poeta de la naturaleza", se caracteriza por su sencillez y su conexión directa con el presente, sin intermediarios intelectuales. Este poema refleja su rechazo a las construcciones complicadas de la vida y su afirmación de la autenticidad en lo cotidiano y conecta con la esencia de la humanidad: la fugacidad de la existencia y la importancia del ahora.

Pessoa, aunque profundamente portugués, crea a través de Caeiro una voz universal que resuena en cualquier cultura. Su obra trasciende las fronteras del idioma al abordar preguntas fundamentales: ¿qué define nuestra vida?, ¿qué queda cuando todo desaparece?

Aunque el lenguaje de Caeiro parece sencillo, su aparente facilidad esconde profundidades filosóficas que requieren un cuidado extremo para mantener su espíritu. Al traducirlo, quise preservar la ligereza de sus palabras, que invitan a la reflexión sin imponerse. El portugués tiene una musicalidad propia que no siempre es replicable en castellano, pero hago uso de un equilibrio que mantiene la fluidez.

Aquí tienes otro magnífico ejemplar:

> Porque eu sou do tamanho do que vejo
> E não do tamanho da minha altura...
> —Alberto Caeiro, "O Guardador de Rebanhos" (El Guardián de Rebaños)

La expresión "Minha altura" en portugués puede referirse, por un lado, a la medida física de la estatura de una persona. Por otro lado, también puede interpretarse de manera figurada, simbolizando los límites personales o las capacidades individuales de una persona, reforzando la idea de trascendencia. Quizá "sou do tamanho do que vejo" implica una perspectiva expansiva, donde la grandeza del individuo está en la capacidad de observar y comprender, más allá de las limitaciones físicas. Puede que sean, entonces, invitaciones a expandir nuestra mirada más allá de los condicionamientos autoimpuestos.

(ix) Martí, José. *Simple Verses.* United States: Arte Público Press, 1997, 20.

(x) Este poema forma parte de un proyecto en desarrollo. Si deseas ser la primera persona en conocer más sobre su publicación y otros escritos futuros, regístrate en mi boletín de noticias (newsletter) en **arielom.com**.

(xi) Se pueden encontrar referencias relevantes en el campo de la inteligencia emocional y las relaciones interpersonales. Numerosos estudios destacan que las emociones influyen de manera significativa en cómo nos conectamos con los demás, especialmente a través de la empatía, la confianza y el apoyo emocional. Cultivar la empatía permite comprender profundamente los sentimientos de los otros, fomentando vínculos más fuertes y la confianza. En las relaciones que cultivo, gestionar eficazmente mis emociones y las de los demás, y promover una comunicación empática, me ha llevado a descubrir conexiones más profundas y significativas.

La neurociencia detrás de las emociones revela que la respuesta del cerebro a sentimientos como el miedo, el amor y la ira puede influir en nuestras interacciones sociales. Cuando las emociones no se gestionan o no se entienden correctamente, pueden interrumpir las relaciones, mientras que la regulación emocional ayuda a mantener la armonía.

Aquí comparto mis referencias y notas:

- **Goleman, Daniel.** *La inteligencia emocional: Por qué es más importante que el cociente intelectual.* Mexico: EDICIONES B, 2022.

   En este libro, Goleman explora cómo la inteligencia emocional influye en nuestras interacciones y relaciones, destacando el impacto de las emociones en nuestras conexiones sociales. El autor subraya la importancia de la empatía y la autoconciencia, y proporciona ejemplos prácticos para aplicar estos conceptos en la vida diaria.

- **LeDoux, Joseph E.** *The Emotional Brain: The Mysterious Underpinnings of Emotional Life.* United Kingdom: Simon & Schuster, 1998 (Disponible en español como *El Cerebro Emocional*).

   LeDoux analiza la neurociencia de las emociones, explicando cómo el cerebro procesa sentimientos como el miedo y el amor, y cómo estos afectan nuestras interacciones sociales. A través de estudios y ejemplos detallados, el autor desentraña los mecanismos cerebrales que subyacen a nuestras respuestas emocionales, proporcionando una comprensión profunda de la vida emocional.

- **Bowlby, John.** *A Secure Base.* United Kingdom: Taylor & Francis, 2012.

Bowlby analiza cómo los vínculos afectivos tempranos y las emociones derivadas de ellos impactan nuestras relaciones interpersonales a lo largo de la vida, enfatizando el rol del apego emocional. A través de su teoría del apego, Bowlby explica cómo las experiencias tempranas con quienes cuidan de nosotros influyen en nuestra capacidad para formar relaciones seguras y saludables en la adultez.

Al analizar tus propias relaciones, puedes observar cómo los vínculos afectivos que formaste en tus primeros años han influido en tus interacciones y conexiones con los demás. Por ejemplo, si tus cuidadores te brindaron amor, atención y seguridad, es probable que hayas desarrollado un estilo de apego seguro, lo que te permite confiar en los demás, comunicarte abiertamente y establecer relaciones saludables. Por el contrario, si tus cuidadores eran inconsistentes o poco disponibles, podrías haber desarrollado un apego ansioso o evitativo, lo que podría haber llevado a dificultades en tus relaciones, como el miedo al rechazo o la dificultad para abrirte emocionalmente.

- **Mikulincer, Mario., Shaver, Phillip R.** *Attachment in Adulthood: Structure, Dynamics, and Change.* United Kingdom: Guilford Publications, 2017.

Este libro examina cómo los estilos de apego influyen en las relaciones interpersonales en la adultez, detallando cómo las emociones y las experiencias pasadas afectan nuestras interacciones actuales. Mikulincer y Shaver exploran teorías como la teoría del apego de Bowlby y analizan cómo estas teorías se aplican a las relaciones adultas.

- **Gottman, John., Silver, Nan.** *Los Siete Principios Para Hacer Que el Matrimonio Funcione = The Seven Principles for Making Marriage Work.* United States: Vintage Español, 2010.

Gottman ha realizado extensos estudios sobre qué factores contribuyen al éxito o fracaso de las relaciones, destacando la importancia de la gestión emocional y la comunicación efectiva. En este libro, los autores presentan siete principios clave para mejorar el matrimonio, como la construcción de un mapa de amor, el cultivo del cariño y la admiración, y el manejo de conflictos de manera constructiva.

- **Rizzolatti, Giacomo., Sinigaglia, Corrado.** *Mirroring Brains: How We Understand Others from the Inside.* United Kingdom: Oxford University Press, 2023.

Investigaciones sobre las neuronas espejo, como las de los autores Rizzolatti y Sinigaglia, han demostrado cómo estas neuronas están involucradas en la capacidad de empatizar y comprender las emociones de los demás. Los autores explican cómo las neuronas espejo facilitan la imitación y la sincronización emocional, destacando su papel fundamental en la empatía y la comprensión social.

Recursos Adicionales sobre Empatía, Conexiones Interpersonales, Neurociencia de las Emociones, Regulación Emocional y Relaciones

Revistas Académicas

- Journal of Emotional Intelligence

- Emotion
- Social Neuroscience

Bases de Datos

- PubMed: Para artículos relacionados con la neurociencia de las emociones.
- PsycINFO: Para investigaciones en psicología emocional e interpersonal.

(xii) Algunas recomendaciones de libros en castellano que abordan temas relacionados sobre emociones y relaciones:

- **Martínez Lomas, Sonia.** *Descubriendo emociones: Un libro para conocer, entender y acompañar a tu hijo en sus sentimientos.* Spain: LA ESFERA DE LOS LIBROS, S.L., 2020.

  Este libro proporciona herramientas para que los padres comprendan y acompañen las emociones de sus hijos, fomentando relaciones familiares más saludables. Martínez Lomas utiliza un enfoque práctico y accesible, ofreciendo ejemplos y ejercicios que ayudan a los padres a conectar emocionalmente con sus hijos.

- **Esclapez, María.** *Tú eres tu lugar seguro: Haz las paces con tu pasado para reconectar contigo (y los que te rodean).* Spain: BRUGUERA, 2023.

  Este libro ofrece estrategias para manejar el estrés y las emociones, mejorando la relación con uno mismo y con los demás. Esclapez utiliza técnicas de mindfulness y terapia cognitivo-conductual para ayudar a los lectores a reconciliarse con su pasado y construir relaciones más saludables.

- **Muñoz López, Joaquín.** *Sabiduría emocional y social (2a edición): Protocolo de Intervención Social mediante la Inteligencia Emocional (PISIEM).* Colombia: J.M. Bosch Editor, 2019.

  Ofrece un método paso a paso para desarrollar habilidades socioemocionales en inteligencia emocional, útil para profesionales que trabajan con personas en situaciones de vulnerabilidad. Muñoz López presenta el Protocolo de Intervención Social mediante la Inteligencia Emocional (PISIEM), que incluye técnicas y estrategias basadas en la psicología positiva y la educación emocional.

- **Goleman, Daniel.** *Inteligencia social: La nueva ciencia de las relaciones humanas.* Spain: Editorial Kairós, 2010.

  Daniel Goleman explora cómo nuestras relaciones afectan profundamente nuestras vidas, proporcionando una comprensión de la inteligencia social aplicable en diversos contextos, incluyendo la inclusión social. Goleman introduce conceptos como la empatía y la sintonía social, y cómo estas habilidades pueden mejorar la calidad de nuestras interacciones y relaciones.

- **Palacios, Agustina.** *El modelo social de discapacidad: orígenes, caracterización y plasmación en la Convención Internacional sobre los Derechos de las Personas con Discapacidad.* Spain: Cinca, 2008.

Agustina Palacios analiza el modelo social de la discapacidad, proporcionando una base teórica para entender la marginación social y cómo las emociones y relaciones se ven afectadas en este contexto. Palacios destaca la importancia de la inclusión y la igualdad de oportunidades, y cómo el entorno social y cultural puede ser adaptado para facilitar la participación plena de las personas con discapacidad.

• **Tolle, Eckhart.** *El poder del ahora: Un camino hacia la realización espiritual.* Mexico: Penguin Random House Grupo Editorial México, 2014.

Eckhart Tolle explora cómo vivir en el presente puede transformar nuestras emociones y mejorar nuestras relaciones. A través de conceptos como la "conciencia del ahora" y la "observación sin juicio", Tolle guía a los lectores hacia una vida más plena y consciente, resaltando el impacto positivo de la presencia en la salud emocional y las relaciones interpersonales.

• **Gerardo Ariel G.B.** *Viviendo en Paz: Estrategias para Reducir la Ansiedad y el Estrés en la Vida Diaria.* N.p.: 2024.

El autor proporciona un enfoque práctico para gestionar la ansiedad y el estrés, utilizando técnicas como el mindfulness. A través de ejercicios y consejos detallados, el libro ayuda a los lectores a cultivar una vida más serena y equilibrada. Destaca beneficios específicos del mindfulness, como la reducción del estrés y la mejora del bienestar emocional.

(xiii) A menudo, tanto en mis propias reflexiones como en conversaciones con amigos o incluso en los lugares más inesperados —desde encuentros casuales hasta programas de televisión o podcasts que no abordan directamente la espiritualidad— surge, casi sin quererlo, la necesidad de comprendernos a nosotros mismos y de encontrar una conexión más profunda. En medio del ruido y el ritmo acelerado de la vida, el silencio y la quietud son pausas y puertas hacia nuestro interior. Es fascinante cómo, incluso en charlas triviales, aflora el anhelo de un espacio de calma donde podamos reencontrarnos con nuestra esencia.

Los autores que he seleccionado e incluyo a continuación ofrecen perspectivas valiosas que profundizan sobre cómo la quietud facilita la autoexploración y permite que emerjan verdades ocultas que a menudo permanecen en la sombra de nuestra conciencia.

• **Nhat Hanh, Thich.** *Silencio: El poder de la quietud en un mundo ruidoso.* Colombia: Urano, 2016.

Escrito por el maestro zen Thich Nhat Hanh, este libro nos guía en la práctica del mindfulness a través del silencio, ofreciendo herramientas para conectar con nuestro interior y descubrir verdades profundas. Thich Nhat Hanh introduce prácticas como la meditación silenciosa y la respiración consciente para fomentar la paz interior.

• **d'Ors, Pablo.** *Biografía del silencio: Breve ensayo sobre meditación.* Spain: Siruela, 2019.

Pablo d'Ors comparte su experiencia personal con la meditación, destacando cómo el silencio y la quietud son esenciales para la autoexploración y el descubrimiento de nuestra verdadera esencia. A través de anécdotas y reflexiones, d'Ors revela los profundos cambios que la práctica meditativa ha traído a su vida.

- **Siegel, Daniel J.** *Cerebro y mindfulness: La reflexión y la atención plena para cultivar el bienestar.* Spain: Ediciones Paidós, 2010.

    Combinación de neurociencia y prácticas de mindfulness que muestra cómo la quietud y la atención plena facilitan la autoexploración y el descubrimiento de verdades internas. Siegel destaca prácticas como la meditación focalizada y la respiración consciente, y presenta estudios que demuestran cómo estas técnicas afectan positivamente el cerebro.

- **Kagge, Erling.** *El silencio en la era del ruido: El placer de evadirse del mundo.* Spain: Penguin Random House Grupo Editorial España, 2017.

    El autor y explorador noruego reflexiona sobre la importancia del silencio en la vida moderna y cómo encontrar espacios de quietud puede llevarnos a una comprensión más profunda de nosotros mismos. Kagge comparte anécdotas de sus expediciones y cómo el silencio de la naturaleza ha influido en su perspectiva sobre la vida.

- **Kabat-Zinn, Jon.** *Vivir con plenitud las crisis: Cómo utilizar la sabiduría del cuerpo y de la mente para enfrentarnos al estrés, el dolor y la enfermedad.* Spain: Editorial Kairós, 2016.

    Se centra en cómo emplear prácticas basadas en la meditación y el yoga para afrontar estrés, dolor y enfermedad, promoviendo una mayor conciencia y sanación personal. Kabat-Zinn introduce técnicas como la meditación mindfulness y el escaneo corporal para ayudar a los lectores a manejar el estrés y mejorar su bienestar.

- **Dyer, Wayne W.** *Tus Zonas Erróneas: Guía Para Combatir Las Causas de la Infelicidad.* United States: Knopf Doubleday Publishing Group, 2010.

    Este libro clásico aborda cómo identificar y superar patrones de pensamiento autodestructivos que impiden alcanzar la felicidad y la realización personal. Dyer explora "zonas erróneas" como la culpabilidad y la necesidad de aprobación, y ofrece estrategias para liberarse de ellas y vivir una vida más plena.

- **Goleman, Daniel., Davidson, Richard.** *Los beneficios de la meditación: La ciencia demuestra cómo la meditación cambia la mente, el cerebro y el cuerpo.* Spain: Editorial Kairós, 2023.

    Goleman y Davidson exploran cómo la meditación puede transformar la mente, el cerebro y el cuerpo, ofreciendo una perspectiva científica sobre sus beneficios. Los autores destacan beneficios como la reducción del estrés, la mejora de la concentración y el fortalecimiento del sistema inmunológico.

- **Goleman, Daniel., Rinpoche, Tsoknyi.** *Por qué meditar: Ciencia y páctica de la claridad y la compasión.* Mexico: EDICIONES B, 2023.

    Ofrece una guía sobre cómo la meditación puede ayudar a liberarse de patrones negativos de pensamiento y a abrazar radicalmente el propio ser, combinando la experiencia de Goleman en meditación con los últimos avances científicos. Goleman y Rinpoche introducen prácticas de meditación como la atención plena y la compasión amorosa para fomentar la claridad mental y el bienestar emocional.

(xiv) Giles, K. *La espiritualidad moderna: Conectando con lo divino en la vida cotidiana.* Editorial Verbo Divino, 2019.

Giles discute cómo la empatía es una herramienta esencial para establecer conexiones profundas y significativas con los demás. A través de ejemplos prácticos y reflexiones personales, Giles muestra cómo la empatía no solo enriquece nuestras relaciones, sino que también nos acerca a una comprensión más profunda de lo divino en nuestra vida cotidiana.

La empatía, para mí, es como un río que fluye a través de un vasto paisaje. A medida que me sumerjo en sus aguas, siento cómo me conecto con todo lo que me rodea. Cada corriente y cada remolino representan las emociones y experiencias de los demás, y al dejarme llevar por este río, me doy cuenta de que no estoy solo en mi viaje y comprendo todo mejor.

Cuando veo a alguien que sufre, es como si el río se tornara turbulento, y mi corazón se agita con la necesidad de ayudar. En esos momentos, la empatía se convierte en un puente hacia la orilla de otra persona, permitiéndome sentir su dolor y su alegría. Al hacerlo, entiendo que sus luchas también son mías, y que nuestras historias están entrelazadas como las raíces de los árboles a lo largo de la ribera.

A veces, encuentro paz en la calma de la corriente, donde la comprensión y la compasión fluyen suavemente. En esos momentos, puedo escuchar los susurros del río, que me enseñan a ser más consciente de mis propias emociones y de las de los demás. Es como si el agua me hablara, recordándome que cada ser humano refleja la esencia que compartimos.

(XV) Adam Waytz, Annie McKee, Daniel Goleman. *Empatía (Empathy),* Spain: Reverté Management, 2018.

Aquí incluyo una parte de este libro que me inspiró y me hizo reflexionar sobre cómo, al escuchar activamente, fortalecemos nuestras relaciones y fomentamos un entorno seguro para discutir y compartir. Es un recordatorio para mí de que la verdadera conexión se construye a través de la empatía y la colaboración:

"[...] la mejor forma de escuchar se entendía como un diálogo bidireccional en lugar de una interacción en un único sentido: de hablante al escuchador. Las mejores conversaciones eran las activas.

La buena escucha incluye interacciones que desarrollan la autoestima de la otra persona. Los buenos escuchadores convierten la conversación en una experiencia positiva para la otra persona, algo que no ocurre con un escuchador pasivo o crítico. En cambio, un buen escuchador hace que la otra persona se sienta apoyada y le transmite confianza. Una buena escucha favorece que se cree un entorno seguro en el que los problemas y las diferencias pueden discutirse abiertamente. La buena escucha se ve como una conversación cooperativa.

En las interacciones que hemos estudiado, el feedback fluyó con facilidad en ambas direcciones sin que ninguna parte se pusiera a la defensiva a raíz de los comentarios que había escuchado. En cambio, los malos escuchadores eran vistos como competitivos, escuchaban sólo para identificar los errores en el razonamiento o la lógica y usaban sus silencios como una oportunidad para preparar su próxima respuesta. Eso puede convertirte en alguien que debate muy bien, pero no te convierte en un buen escuchador. Quienes saben escuchar, pueden cuestionar suposiciones y discrepar, pero la persona que es escuchada siente que están tratando de ayudarla y no intentando ganar una discusión."

(xvi) La empatía es una cualidad fundamental que requiere un equilibrio interno, especialmente en momentos de dificultad. Estas referencias proporcionan herramientas valiosas para desarrollar una mayor empatía hacia uno mismo y hacia los demás:

• **Gonzalez, Anabel.** *Lo bueno de tener un mal día: Cómo cuidar de nuestras emociones para estar mejor.* Spain: Editorial Planeta, 2020.

Este libro ayuda a entender y gestionar las emociones negativas, promoviendo la autocompasión y la empatía hacia uno mismo, lo cual es esencial para mantener el equilibrio interno en momentos de dificultad. González introduce técnicas como la escritura terapéutica y la respiración consciente para manejar las emociones y fomentar el bienestar emocional.

• **Levy, Norberto.** *La Sabiduria de Las Emociones.* Spain: Nuevas Ediciones de Bolsillo, 2001.

Explora cómo las emociones pueden ser maestras internas que guían hacia una mayor comprensión de uno mismo y de los demás, fomentando la empatía y el crecimiento personal. Levy ilustra cómo emociones como el miedo y la tristeza pueden ofrecer valiosas lecciones sobre nuestras necesidades y límites, promoviendo una vida más consciente y equilibrada.

• **Cullen, Margaret Anne., Brito Pons, Gonzalo.** *Mindfulness y equilibrio emocional.* Editorial Sirio, 2016.

Esta obra proporciona prácticas de mindfulness para cultivar la autocompasión y la empatía, ayudando a mantener el equilibrio emocional en situaciones desafiantes. Cullen y Brito Pons destacan prácticas como la meditación de bondad amorosa y el escaneo corporal, que ayudan a reducir el estrés y mejorar la salud emocional.

• **Kabat-Zinn, Jon.** *La práctica de la atención plena.* Spain: Kairós, Editorial S.A., 2013.

Ofrece una fusión entre la ciencia, la poesía y la espiritualidad, enfocándose en el poder transformador de la atención plena en la vida diaria, tanto a nivel personal como social. Kabat-Zinn describe cómo valorar el momento presente a través de prácticas como la meditación mindfulness y la observación sin juicio, ayudando a sobrellevar el estrés y el dolor.

• **Byrne, Rhonda.** *El secreto.* Spain: Urano, 2012.

Aunque se centra en la ley de la atracción, este libro también aborda temas de conexión y empatía, sugiriendo que el equilibrio interno es esencial para atraer experiencias positivas. Destaca la importancia de la empatía y la conexión emocional como factores clave para manifestar deseos y alcanzar el bienestar.

- **Kabat-Zinn, Jon.** *Vivir con plenitud las crisis: Cómo utilizar la sabiduría del cuerpo y de la mente para enfrentarnos al estrés, el dolor y la enfermedad.* Spain: Editorial Kairós, 2016.

    Trata sobre cómo enfrentar momentos difíciles y cómo la empatía hacia uno mismo y hacia los demás puede ser un camino hacia la sanación. Kabat-Zinn introduce prácticas de mindfulness y meditación compasiva como herramientas para cultivar la empatía y mejorar la resiliencia emocional.

- **Hawkins, David R.** *Dejar ir. El camino a la liberación.* Spain: Ediciones El Grano de Mostaza S.L., 2014.

    Hawkins ofrece una perspectiva sobre la espiritualidad y el desarrollo de la empatía como parte del crecimiento personal y espiritual. A través de la técnica del "dejar ir," Hawkins enseña cómo liberar emociones reprimidas y cultivar la empatía para alcanzar una mayor paz interior y evolución espiritual.

(xvii) Para mí, el amor trasciende ser simplemente un sentimiento; es la esencia misma de la vida. Es esa fuerza intangible que nos conecta profundamente con los demás y con nuestro propio ser. El amor se manifiesta en innumerables formas y, a través de las referencias mencionadas, podemos adentrarnos en ese sentimiento que nos invita a vibrar en armonía, a comprender la complejidad de nuestras relaciones, a valorar la importancia de la compasión y a reconocer el impacto de nuestras acciones cotidianas. Estas obras nos permiten encontrar un reflejo sincero de nuestras propias experiencias y emociones, iluminando caminos hacia una comprensión más profunda de nosotros mismos y del mundo que nos rodea.

En obras literarias que abarcan diversas épocas, contextos y culturas, el amor se presenta no solo como un sentimiento, sino como un motor de cambio, transformación y reflexión. Desde las pasiones jóvenes y románticas hasta los amores maduros y trascendentales, los autores han sabido capturar las diversas facetas de esta fuerza vital, analizando cómo el amor influye en nuestras decisiones, relaciones y nuestro sentido de existencia.

- **García Márquez, Gabriel.** *El amor en los tiempos del cólera.*

    El escritor colombiano aborda el amor a lo largo del tiempo, mostrando cómo se transforma y se expresa en diferentes etapas de la vida. El amor, en la narrativa de García Márquez, no es solo un sentimiento de juventud, sino una fuerza que perdura, cambia, se reconfigura y redefine con los años, mientras las circunstancias y las personas evolucionan.

- **Allende, Isabel.** *Eva Luna.*

    En esta novela Eva es una narradora cuya vida está llena de historias de amor que revelan la importancia de las pequeñas acciones y la compasión en las relaciones humanas. A través de los relatos de Eva, se destacan las conexiones profundas que surgen a partir de gestos sencillos, donde la empatía y la vulnerabilidad juegan un papel crucial.

- **Benedetti, Mario.** *La tregua.*

El autor uruguayo narra la vida de Martín Santomé, un hombre que encuentra el amor de forma inesperada en la madurez, un amor que transforma por completo su rutina diaria y le permite redescubrir la capacidad de sentir. Es una reflexión sobre cómo el amor puede irrumpir en la vida cuando menos lo esperamos, desafiando la monotonía y trayendo consigo nuevas posibilidades.

- **Quiroga, Horacio.** *Cuentos de la selva.*

Estos cuentos de Quiroga ponen de relieve la conexión entre los seres humanos y la naturaleza, un amor que va más allá de las relaciones personales, extendiéndose a la compasión hacia los seres vivos y el entorno. La belleza de estos relatos radica en cómo los personajes interactúan con su mundo natural, creando un vínculo de empatía y respeto hacia todo lo que les rodea.

- **Fuentes, Carlos.** *La muerte de Artemio Cruz.*

Esta novela del autor mexicano examina la vida de un hombre en su lecho de muerte, observando cómo las relaciones, los amores y las decisiones pasadas cobran sentido en sus últimos momentos. La novela revela cómo las acciones de una persona, especialmente en su relación con los demás, son las que definen su vida, independientemente de sus logros o fracasos.

Las siguientes obras exploran temas de amor, compasión, empatía y cómo nuestras relaciones y acciones cotidianas pueden ser una fuente de sanación y transformación. A través de sus páginas, encontramos no solo la importancia de estas emociones en la vida personal, sino también su capacidad para crear un impacto positivo en la comunidad y el entorno. Estos textos nos invitan a profundizar en nuestras conexiones con los demás, a comprender las complejidades emocionales de nuestras relaciones y a cultivar una mayor conciencia sobre cómo nuestras acciones pueden afectar a quienes nos rodean.

- **García Campayo, Javier.** *La práctica de la compasión: Amabilidad con los demás y con uno mismo.* Spain: Editorial Siglantana SL, 2024.

La práctica de la compasión, tanto hacia uno mismo como hacia los demás, puede transformar nuestras vidas en general —ha transformado profundamente la mía. Al abrazar la compasión, he profundizado en el entendimiento de mis emociones, lo que me ha permitido desarrollar una empatía más auténtica y una conexión más significativa con el mundo que me rodea.

- **Chapman, Gary.** *El amor como forma de vida.* United Kingdom: VINTAGE ESPAÑOL, 2010.

Gary Chapman explora cómo las pequeñas acciones cotidianas, basadas en el amor y la amabilidad, pueden tener un gran impacto en nuestras relaciones. A través de estas prácticas, podemos cultivar una conexión más profunda y significativa, fomentando la armonía y la comprensión mutua en nuestras interacciones diarias.

- **Riso, Walter.** *Ama y no sufras: Cómo disfrutar plenamente de la vida en pareja.* Spain: Zenith, 2015.

Este libro profundiza en la naturaleza del amor, ofreciendo estrategias para evitar el sufrimiento innecesario que a menudo está relacionado con nuestras relaciones. Se invita a aprender a amar de una manera más sana, promoviendo el bienestar tanto personal como en nuestras interacciones con los demás.

- **Salzberg, Sharon.** *Amor incondicional: la vía budista de las residencias celestiales que cambiará su vida.* Spain: EDAF, 1997.

En esta obra, se introduce el concepto de amor incondicional, que no depende de condiciones externas y tiene el poder de sanar tanto a quien lo experimenta como a quienes lo rodean. Se explica cómo cultivar este tipo de amor permite vivir con una mayor paz y comprensión.

- **Riso, Walter.** *Los límites del amor: cómo amar sin renunciar a ti mismo.* Spain: Zenith, 2015.

Este análisis profundo sobre el amor desde una perspectiva psicológica aborda las distintas formas de amor y cómo afectan nuestras relaciones personales, brindando herramientas para desarrollar vínculos más saludables y auténticos.

(xviii) La experiencia humana es rica y multifacética; se expresa de muchas formas en el diseño, desde el diseño gráfico hasta la arquitectura y el diseño industrial. A continuación, comparto una lista de libros que tratan este tema desde diferentes puntos de vista:

- **Pallasmaa, Juhani.** *Los ojos de la piel: La arquitectura y los sentidos.* Spain: Editorial GG, 2022.

Explora cómo la arquitectura impacta profundamente la percepción sensorial y la experiencia humana, defendiendo un enfoque más allá de la visión. Pallasmaa enfatiza cómo los espacios bien diseñados interactúan con el tacto, el sonido y el olfato, creando experiencias multisensoriales que pueden evocar emociones profundas, estimular la memoria y enriquecer la conexión humana con el entorno.

- **Norman, Donald.** *El diseño de las cosas cotidianas.* Spain: Capitán Swing Libros, 2024.

Un análisis revelador de cómo los objetos que usamos diariamente moldean nuestra interacción con el mundo. Norman resalta la importancia de combinar funcionalidad y estética en el diseño para mejorar la experiencia del usuario, destacando cómo las pequeñas decisiones de diseño pueden influir en nuestras emociones, productividad y bienestar general.

- **Munari, Bruno.** *¿Cómo Nacen Los Objetos?: Apuntes Para Una Metodología Proyectual.* Translated by Carmen Artal, Segunda edición, GG, Editorial Gustavo Gili, 2016.

A través de este enfoque práctico y poético, Munari examina la génesis de los objetos en el diseño industrial. Combina principios de funcionalidad y creatividad, mostrando cómo la sensibilidad artística y la empatía hacia las necesidades humanas pueden dar lugar a diseños significativos que resuelvan problemas y embellezcan la vida cotidiana.

- **Papanek, Victor.** *Diseñar Para El Mundo Real: Ecología Humana Y Cambio Social.* 2ª ed, Pol·len, 2014.

  Aborda la responsabilidad ética y social del diseño, subrayando cómo este puede ser una herramienta para mejorar la calidad de vida. Papanek defiende un enfoque de diseño sostenible y centrado en las personas, buscando soluciones prácticas a problemas sociales y ambientales a través de la creatividad.

- **Alexander, Christopher., Ishikawa, Sara., Silverstein, Murray.** *El Lenguaje de Patrones.* Spain: Gustavo Gili Editorial S.A., 1980.

  Este clásico propone un enfoque de diseño basado en patrones que resuelven necesidades universales y promueven la armonía entre las personas y su entorno. A través de ejemplos prácticos, los autores presentan una metodología que combina intuición, funcionalidad y belleza para crear espacios arquitectónicos y urbanos significativos.

- **Lupton, Ellen.** *Pensar Con Tipos: Una Guía Clave Para Estudiantes, Diseñadores, Editores Y Escritores.* 1ª ed., 4ª tirada, GG, 2016.

  Esta obra analiza el poder comunicativo de la tipografía en el diseño gráfico. Lupton combina teoría y práctica para demostrar cómo la elección tipográfica afecta no solo la estética, sino también la claridad, la emoción y la interpretación del mensaje, convirtiendo cada letra en una herramienta expresiva.

- **Gehl, Jan.** *La humanización del espacio urbano: La vida social entre los edificios.* Spain: Reverté, 2006.

  Un llamado a recuperar la humanidad en las ciudades. Gehl examina cómo el diseño urbano puede fomentar interacciones significativas entre las personas, priorizando la calidad de vida a través de espacios públicos que inviten a la convivencia, el bienestar y el sentido de comunidad.

En la multitud de ciudades que he visitado, he sentido un profundo impacto al observar cómo el diseño urbano puede influir en nuestras interacciones y en nuestra calidad de vida. La idea de recuperar la humanidad en las ciudades resuena en mí, especialmente al ver cómo algunos lugares fomentan conexiones significativas entre las personas. Por otro lado, en lugares donde el diseño urbano parece ignorar estas necesidades, he notado una sensación de aislamiento y desconexión.

- **Van der Ryn, Sim., Cowan, Stuart.** *Ecological Design.* Italy: Island Press, 1996.

  Plantea cómo el diseño arquitectónico e industrial puede alinearse con los principios de la sostenibilidad para mejorar nuestra relación con el entorno. Los autores presentan estrategias para integrar los sistemas naturales en los entornos construidos, promoviendo un equilibrio entre funcionalidad, estética y respeto por la naturaleza.

- **Tufte, Edward R.** *The Visual Display of Quantitative Information.* 2nd edition, ninth printing, Graphics Press, 2001.

  Un texto fundamental que aborda cómo los datos pueden ser representados visualmente para maximizar su claridad y comprensión. Tufte combina precisión y estética para demostrar cómo el diseño gráfico puede convertir información compleja en narrativas visuales impactantes y comprensibles, que inviten a la reflexión y la acción.

  Al aplicar sus principios, he aprendido a crear narrativas visuales que no solo presentan datos, sino que también invitan a la reflexión y la acción. Esto ha sido especialmente útil en proyectos donde la claridad es crucial para que los stakeholders comprendan la información y tomen decisiones informadas.

  Además, al priorizar la estética en mis visualizaciones, he podido captar la atención de mi audiencia de una manera que antes no lograba. Esto ha llevado a un mayor compromiso y a discusiones más profundas sobre los temas que presento.

  Para más información, explora las páginas en las que muestro mi trabajo como Arquitecto de Soluciones Web Senior, Arquitecto de UX, Diseñador y Desarrollador en mi sitio web.

- **de Botton Alain.** *La Arquitectura de La Felicidad.* LUMEN, 2021.

  Reflexiona sobre cómo los espacios que habitamos influyen en nuestras emociones y nuestra búsqueda de bienestar. De Botton analiza cómo la estética y la funcionalidad de los entornos construidos impactan en la felicidad, inspirándonos a repensar el diseño como una herramienta para enriquecer nuestra vida diaria.

(xix) Desde que empecé a explorar el mundo del diseño gráfico, me di cuenta de que la tipografía es mucho más que simplemente elegir una fuente bonita. Al principio, no sabía nada sobre este tema, pero a medida que fui aprendiendo, descubrí que la tipografía tiene un impacto enorme en cómo se percibe un mensaje.

Un libro que realmente me ayudó en este viaje fue "Make it Bigger" de Paula Scher. Este libro me abrió los ojos a la importancia de la tipografía en la comunicación visual. Aprendí que la forma en que se presenta el texto puede cambiar completamente la forma en la que es entendido. Por ejemplo, una fuente elegante puede transmitir sofisticación, mientras que una fuente más informal puede hacer que un mensaje se sienta más accesible.

Además, otros recursos, como "Thinking with Type", reforzaron mis conocimientos sobre los fundamentos de la tipografía, desde la elección de letras hasta cómo organizar el texto de manera efectiva. Aunque ya tenía una base en estos conceptos, su estudio me ayudó a mejorar aún más mis habilidades de diseño y a expresar mis ideas de manera más clara y atractiva.

Si alguna vez te has preguntado cómo los diseñadores logran que sus trabajos sean visualmente impactantes, la respuesta a menudo radica en la tipografía. Es un aspecto esencial que, aunque a menudo pasa desapercibido, juega un papel crucial en la forma en que nos comunicamos visualmente.

Aquí hay algunas maneras en que la teoría y la práctica de la tipografía me ha influenciado:

- **Percepción Estética:** La tipografía ha influido en cómo percibo la belleza y la armonía en el diseño. Al aprender sobre tipografía, he desarrollado un sentido más agudo de lo que constituye un buen diseño, lo que ha cambiado mis preferencias estéticas en la vida cotidiana.

- **Comunicación Efectiva:** He comprendido que la elección de la tipografía puede cambiar el tono y el mensaje de un texto. Esto me ha ayudado a comunicarme de manera más efectiva, ya sea a través de este libro, en presentaciones, trabajos escritos o incluso en mis publicaciones en redes sociales.

- **Atención al Detalle:** Con la tipografía he explorado más profundamente mi atención a los detalles, como con el espaciado, el tamaño y la alineación. Esta habilidad me ha llevado a ser más meticuloso en otros aspectos de mi vida, fomentando un enfoque más cuidadoso y considerado en mis proyectos.

- **Creatividad:** La práctica en su uso me ha inspirado a experimentar con diferentes estilos y combinaciones. Esto ha estimulado mi creatividad y me ha llevado a explorar nuevas formas de expresión en mis propios proyectos artísticos o de diseño.

- **Comprensión Cultural:** Al aprender sobre su historia y evolución, la tipografía me ha ayudado a adquirir una mayor comprensión de cómo diferentes culturas utilizan la tipografía para comunicar sus valores y tradiciones. Esto ha enriquecido mi perspectiva cultural.

- **Influencia en la Marca Personal:** He aplicado principios tipográficos en mi trabajo y en mi marca personal, lo que ha influido en cómo los demás me perciben. Esto me ha ayudado a construir una identidad más coherente y profesional.

Para encontrar información sobre recursos tipográficos, puedes considerar las siguientes fuentes:

- **Scher, Paula.** *Make It Bigger.* United States: Princeton Architectural Press, 2005.

  Una obra fascinante que destaca la maestría de una de las diseñadoras gráficas más influyentes de nuestro tiempo y que realmente me impacta y me inspira.

  Una de las cosas más fascinantes de "Make It Bigger" es cómo Scher combina la tipografía con la ilustración y el color para crear composiciones visuales que impactan directamente en mi compresión del diseño gráfico. Su habilidad para jugar con la escala y la proporción no solo capta la atención, sino que también transmite mensajes de manera efectiva. Sus diseños son una declaración que desafía las convenciones y me motiva a pensar más allá de los límites en mis propios proyectos.

  Además, el libro me ofrece una visión profunda de su proceso creativo y su filosofía de diseño. Las anécdotas y reflexiones que comparte me permiten comprender mejor su enfoque y la pasión que la impulsa. Su mantra de "hacerlo más grande" resuena en mí, ya que no solo se refiere a la escala física de sus obras, sino también a la ambición de hacer que el diseño tenga un impacto significativo en la cultura y la sociedad.

La obra de Paula Scher me recuerda el poder transformador del diseño como forma de arte. Una excelente fuente para entender la tipografía y su aplicación en el diseño gráfico. Puedes buscar ediciones en librerías o bibliotecas.

- **Williams, Jim.** *Type Matters!.* United Kingdom: Merrell, 2012.

  Este libro es una guía práctica sobre la tipografía y su importancia en el diseño. Williams aborda temas esenciales como la elección de fuentes, el espaciado y la alineación, proporcionando consejos prácticos para diseñadores de todos los niveles.

- **Lupton, Ellen.** *Thinking with Type: A Critical Guide for Designers, Writers, Editors, & Students.* United States: Princeton Architectural Press, 2014.

  Un texto fundamental que explora la teoría y la práctica de la tipografía. La tipografía es un elemento crucial en la comunicación visual y puede influir en diversas áreas de tu vida, desde la forma en que percibes la información hasta cómo te expresas.

- **Bringhurst, Robert.** *The Elements of Typographic Style.* United States: Hartley & Marks, 2012.

  Considerado un clásico, este libro ofrece una visión profunda sobre la tipografía. Bringhurst explora principios fundamentales como la armonía tipográfica, la proporción y la legibilidad, estableciendo estándares y guías que han influido en diseñadores de todo el mundo.

- **Artículos y recursos en línea:** Sitios web como *A List Apart*, *Smashing Magazine* y *Typographica* ofrecen artículos sobre tipografía y pueden tener recursos adicionales.

(XX) La lectura es un arte que va más allá de la simple decodificación de palabras; es una experiencia que me ha invitado, como lector, a sumergirme en un mundo de significados y vibraciones. Cada palabra tiene su tiempo y su espacio y, en este contexto, es fundamental reconocer la importancia de leer con atención y presencia.

La capacidad de conectar con el texto en un nivel más significativo no solo enriquece mi comprensión, sino que también transforma mi experiencia personal.

A través de las siguientes referencias, puedes explorar cómo la lectura consciente y crítica puede abrir nuevas dimensiones de entendimiento, permitiéndote sentir la vibración de las palabras y cómo estas se entrelazan con tus propias vivencias:

- **Larrosa, Jorge.** *La experiencia de la lectura: estudios sobre literatura y formación.* Spain: Fondo de Cultura Económica, 2003.

  Este libro ofrece una recopilación de ensayos que analizan cómo la lectura literaria contribuye a la formación personal y a una comprensión más profunda de la realidad. Larrosa explora la relación entre lector y texto, destacando cómo esta interacción transforma nuestra percepción del mundo.

- **Álvarez F, Pablo.** *"Lectura En Crisis: La Importancia De La Experiencia De Lo Sensible."* Revista Electrónica Leer, Escribir y Descubrir 1, no. 7 (2020): Article 8.

  Este artículo académico reflexiona sobre la dimensión sensorial de la lectura, destacando cómo factores como la materialidad del libro y la práctica lectora enriquecen la experiencia. Se enfatiza la necesidad de una lectura que involucre los sentidos para una comprensión más profunda y crítica del texto.

- **Becerra Quero, Macarena.** *La educación lectora: ciencia para la sociedad.* España: Octaedro, 2023.

  Esta obra aborda la importancia de la lectura comprensiva y crítica en el ámbito educativo, promoviendo una reflexión constructiva que fortalece los vínculos entre los estudiantes. Becerra Quero propone estrategias educativas para, a través de la lectura, fomentar el pensamiento crítico y la argumentación dialogada.

- **Díez Mediavilla, Antonio, and Raúl Gutiérrez Fresneda, coords.** *Lectura y dificultades lectoras en el siglo XXI.* España: Octaedro, 2020.

  Este libro analiza los desafíos contemporáneos en el aprendizaje de la lectura, ofreciendo perspectivas desde la neurociencia y la educación. Se exploran estrategias para abordar las dificultades lectoras, enfatizando la importancia de una enseñanza adaptada a las necesidades individuales. Además, proporciona herramientas prácticas para docentes y profesionales educativos.

- **Páez Martínez, Ruth Milena, y Gloria Marlén Rondón Herrera, compiladoras.** *La lectura crítica: propuestas para el aula derivadas de proyectos de investigación educativa.* Bogotá D.C.: Universidad de la Salle, 2014.

  Valiosa herramienta para docentes interesados en implementar estrategias de lectura crítica. Al fundamentarse en investigaciones recientes, ofrece enfoques innovadores y efectivos para desarrollar habilidades analíticas en los estudiantes y formar lectores capaces de analizar y cuestionar los textos, desarrollando una comprensión profunda y reflexiva.

- **Calvino, Italo.** *Si una noche de invierno un viajero.* Spain: Siruela, 2023.

  Calvino desafía al lector tradicional al romper la cuarta pared, creando una experiencia interactiva. La novela es tanto un homenaje a la literatura como una exploración de la relación entre autor, texto y lector, lo que la convierte en una lectura imprescindible para quienes reflexionan sobre el proceso de lectura.

(XXI) A través de las siguientes referencias, podrás encontrar análisis críticos de la tradición del masculino genérico en el español, así como las diversas implicaciones que tiene para la percepción de género en la sociedad contemporánea. Estas obras invitan a reflexionar sobre cómo el lenguaje puede ser un instrumento de cambio y cómo su uso consciente puede contribuir a una mayor equidad en la comunicación.

- **Vasallo, Brigitte.** *Lenguaje inclusivo y exclusión de clase.* Mexico: Editorial Almadía, 2024.

  La obra analiza críticamente el lenguaje inclusivo, situando el debate en el ámbito de la práctica política y los condicionamientos que atraviesan las subjetividades. El texto invita a reflexionar sobre cómo el género masculino ha sido tomado como "universal" y las implicaciones de esta visión en nuestras sociedades.

- *Siete miradas sobre el lenguaje inclusivo: perspectivas lingüísticas y traductológicas.* Argentina: Waldhuter Editores, 2021.

Este libro reúne diversos análisis sobre las estrategias para evitar el sexismo lingüístico, englobadas bajo el término "lenguaje inclusivo". A través de herramientas propias de las ciencias del lenguaje, se examinan las implicaciones y desafíos de estas prácticas en la comunicación cotidiana.

- **Carro Ibarra, Sara., Barbé i Serra, Alba., Vidal, Carles.** *La construcción de las identidades de género: actividades para trabajar con jóvenes y adolescentes.* Spain: Los Libros de la Catarata, 2014.

Este texto ofrece una serie de actividades diseñadas para explorar y comprender cómo se construyen las identidades de género en contextos educativos. Proporciona herramientas prácticas para fomentar la reflexión y el diálogo sobre el género entre jóvenes y educadores.

- **Escaja, Tina, and María Natalia Prunes.** *Por Un Lenguaje Inclusivo : Estudios Y Reflexiones Sobre Estrategias No Sexistas En La Lengua Española.* Primera edición, 2021, Academia Norteamericana de la Lengua Española, 2021.

Este volumen presenta una variedad de estudios y reflexiones a favor del lenguaje inclusivo, con el propósito de avanzar en este importante tema desde la perspectiva de la lengua española. Se analizan diversas estrategias para promover una comunicación no sexista y más equitativa.

(xxii) Esta frase habla de esas habilidades o talentos que algunas personas tienen y que a veces son difíciles de entender para los demás. Se refiere a esos dones que pueden parecer un poco misteriosos o raros, ya sea porque son realmente impresionantes, complicados, o simplemente porque no son parte de la experiencia de quien los observa.

Por otro lado, hay cosas que no se ven a simple vista, como las fortalezas internas, las sensibilidades o las maneras de ver la vida que van más allá de lo que a veces se puede comprender. Es como si cada persona tuviera su propio mundo lleno de cualidades únicas que, aunque no siempre son evidentes, son valiosas y especiales.

(xxiii) Las emociones tienen la tendencia a trascender los límites físicos del cuerpo, extendiéndose de una manera que resulta difícil de definir o contener. Esta expansión emocional puede manifestarse en diversas formas, afectando no solo a la persona que las experimenta sino también a quienes la rodean y al entorno en general. Esta naturaleza expansiva de las emociones complica la cuantificación de su impacto, ya que es un desafío medir con precisión cómo influyen en los demás o en el ambiente, a pesar de que somos conscientes de que lo hacen.

Una mirada, un abrazo o el simple acto de estar presente llevan consigo una intensidad que transforma el espacio y conecta a las personas más allá de las palabras. Son esas emociones que no se limitan a lo que sentimos internamente, sino que se proyectan hacia el entorno —hacia otras personas e incluso hacia el espacio en el que nos encontramos— y regresan formando un puente invisible que une almas, sana heridas y fortalece vínculos, recordándonos el impacto profundo y energético de lo que sentimos.

Sin embargo, estas emociones también pueden hacernos descubrir sombras: pueden distanciarnos, reabrir viejas heridas o fortificar barreras que nos separan. Entonces, lo que sentimos se convierte en un tejido difícil de deshacer, un muro invisible que nos aleja incluso de quienes están cerca. Las emociones, aunque profundas, no siempre conectan; a veces nos aíslan, amplificando el eco de un dolor que no encuentra alivio.

Podemos aprender a reconocer nuestras emociones y, si lo deseamos, permitirles cumplir su propósito, siempre que entendamos que efectivamente tienen uno. Algunas emociones pueden ser escuchadas, otras nos invitan a actuar, y muchas pueden ser dejadas ir, como si fueran nubes pasajeras, permitiendo así una observación más libre. Prestar atención consciente a lo que sentimos nos ayuda a integrar esas emociones en nuestra vida de manera que fomenten nuestro crecimiento y paz interior.

El poder de nuestra atención es inmenso. Aquello a lo que dedicamos energía crece y nos influye, pero no todas las emociones merecen nuestra atención. He aprendido que al distinguir entre lo que necesita ser explorado y lo que puedo descartar nos permite vivir con mayor claridad, en equilibrio con mis emociones y mi humanidad compartida.

(xxiv) La percepción de la realidad es un fenómeno complejo y subjetivo; cada individuo puede experimentar su entorno de maneras radicalmente diferentes. En este contexto, la frase "Algunos pueden vivir en mundos que otros no entienden", sugiere que existen dimensiones de la experiencia humana que pueden ser ajenas o incomprensibles para quienes no comparten las mismas vivencias o creencias.

A lo largo de la historia, diversas corrientes de pensamiento, desde la filosofía hasta la psicología y la antropología, han explorado cómo las diferencias culturales, las experiencias personales y los marcos de referencia influyen en nuestra comprensión del mundo. Estos estudios se adentran en la intersección de la experiencia individual y la realidad compartida, analizando cómo ciertos individuos pueden habitar mundos que desafían las normas y convenciones sociales.

A través de la revisión de obras de autores que han abordado esta temática desde distintas perspectivas, se pueden **iluminar las dinámicas que permiten la coexistencia de múltiples realidades** y cómo estas experiencias pueden ser validadas y comprendidas desde un enfoque crítico y científico.

Estas referencias han influido en mi perspectiva personal, profundizando mi comprensión sobre cómo diversos enfoques y disciplinas pueden ofrecer mundos de entendimiento distintos pero complementarios. Han enriquecido mi apreciación de la riqueza y complejidad de la realidad, y cómo nuestras experiencias y conocimientos moldean la manera en que percibimos el mundo.

- **Bateson, Gregory.** *Pasos hacia una ecología de la mente.* Argentina: Planeta, 1991.
  Este libro aborda la interconexión de la mente, la cultura y la experiencia, ofreciendo una perspectiva sobre cómo diferentes mundos de comprensión pueden coexistir. Bateson explora la interconexión entre mente, cultura y experiencia a través del concepto de "ecología de la mente". Ofrece una perspectiva innovadora sobre cómo diferentes mundos de comprensión pueden coexistir, resaltando la importancia de los sistemas y la comunicación en la configuración de la realidad.

- **Eliade, Mircea.** *Lo sagrado y lo profano.* Spain*:* Paidos México, 2014.

Eliade profundiza en cómo diferentes culturas y religiones construyen realidades sagradas, distinguiendo entre el espacio sagrado y el profano. Analiza cómo estos espacios moldean la percepción del tiempo y la existencia, creando experiencias que pueden ser ajenas o incomprensibles para quienes no comparten esas creencias.

- **Castaneda, Carlos.** *Las enseñanzas de don Juan: Una forma yaqui de conocimiento.* Mexico: Fondo de Cultura Economica, 2023.

Castaneda relata sus encuentros con Don Juan Matus, un chamán yaqui, explorando prácticas que expanden y alteran la percepción de la realidad. A través de rituales y enseñanzas, se sumerge en mundos de comprensión que pueden ser incomprensibles para otros, cuestionando los límites entre lo real y lo perceptual. El libro ha generado debates sobre la antropología y la experiencia subjetiva.

- **Escohotado, Antonio.** *Los enemigos del comercio (pack): Una historia moral de la propiedad I, II y III.* Spain: Espasa, 2016.

En esta exhaustiva trilogía, Escohotado realiza un análisis histórico y filosófico sobre el comercio y la propiedad. Explora cómo diferentes ideologías, desde la antigüedad hasta la modernidad, han creado perspectivas opuestas que conducen a mundos de entendimiento divergentes. A través del pensamiento crítico, invita a reflexionar sobre los fundamentos morales y sociales que moldean nuestras percepciones económicas.

- **Maturana R., Humberto, and Francisco Varela G.** *De Máquinas Y Seres Vivos : Autopoiesis: La Organización de Lo Vivo.* 6a. ed, Editorial Universitaria, 2006.

Los autores exploran cómo la percepción y la experiencia del mundo están influenciadas por la biología y la cognición, lo que puede dar lugar a diferentes realidades. Maturana y Varela introducen el concepto de autopoiesis para explicar la autoorganización de los sistemas vivos. Exploran cómo la biología y la cognición moldean nuestra percepción y experiencia del mundo, sugiriendo que cada ser construye su propia realidad. Esta perspectiva aporta una comprensión innovadora sobre cómo emergen diferentes realidades a partir de procesos biológicos internos.

- **Díez López, Fernando.** *Ciencia y consciencia: El paradigma cuántico y la búsqueda espiritual.* Spain: Editorial Kairós, 2014.

En este libro, Díez López presenta un diálogo fascinante entre la mística hindú y los avances científicos contemporáneos. Analiza cómo las perspectivas védicas sobre la conciencia y la realidad encuentran resonancia en las teorías científicas modernas, ofreciendo una visión integradora que fusiona ciencia y espiritualidad. Esta aproximación enriquece la comprensión de la experiencia humana y amplía nuestra percepción del mundo y del universo.

- **Cavallé Cruz, Mónica.** *La sabiduría de la no-dualidad: Una reflexión comparada entre Nisargadatta y Heidegger.* Spain: Editorial Kairós, 2008.

En este libro, Cavallé Cruz examina la convergencia entre el pensamiento no-dual de Nisargadatta Maharaj y la filosofía existencial de Martin Heidegger. La autora profundiza en cómo ambos enfoques abordan cuestiones fundamentales como la existencia, el ser y la trascendencia. A través de esta comparación, revela puntos de contacto y divergencias entre las tradiciones oriental y occidental, destacando la riqueza que surge al integrar perspectivas diversas sobre la no-dualidad y la búsqueda de sentido. Esta obra ofrece herramientas valiosas para reflexionar sobre la experiencia humana en el mundo moderno.

(XXV) Compartir nuestras emociones de felicidad o tristeza a veces se siente como un esfuerzo, como si las palabras se desvanecieran antes de salir de nuestra boca. Nos resulta difícil hacerle espacio a la empatía pero, aún en esa complicación, puede verse latente una intuición profunda que quiere que conectemos. No es necesario hablar para entender, solo sentir y reconocer lo que hay más allá de las palabras.

La comunicación verbal se vive, en ocasiones, como un laberinto impenetrable; sin embargo, existen otros lenguajes: la música, la literatura, la disposición de los espacios interiores, un diseño bien pensado... esos gemidos del alma que logran transmitir lo que las palabras no alcanzan a expresar, si les ponemos la debida atención. Y en ese silencio —ese que no pesa en los oídos, pero que de algún modo arropa nuestro sentir y se transforma en una comunicación sutil—, donde el eco de una melodía o una línea escrita habla más fuerte que mil frases, encontramos consuelo.

La mente, esa fuerza poderosa que puede desbordarse y ahogarnos en su caos, también es la misma que nos sostiene. Nos puede llevar al borde del sufrimiento, pero tiene la capacidad —también— de encontrar soluciones, de abrir caminos donde ni los profesionales pueden, claramente, ver. Esta habilidad puede manifestarse, por ejemplo, en momentos de crisis o desafío, cuando la creatividad y la intuición se combinan para generar ideas innovadoras.

En muchas ocasiones, la solución a un problema de salud o a una situación compleja no se encuentra únicamente en el conocimiento técnico o en la experiencia clínica. Hay personas que pueden tener una intuición sobre lo que podría funcionar para su situación, incluso si no hay evidencia científica que lo respalde. Esta intuición puede guiar decisiones que los profesionales, basados en datos y protocolos, podrían pasar por alto. Cada individuo tiene una experiencia única y una comprensión personal de su cuerpo y su salud. Esta perspectiva puede llevar a soluciones que los profesionales pueden no considerar, ya que su enfoque podría ser más generalizado.

La mente humana tiene la capacidad de pensar de manera creativa, lo que le permite generar ideas y enfoques novedosos que pueden no estar basados en la práctica convencional. De la misma forma, puede conectar conceptos de diferentes disciplinas o áreas de conocimiento, lo que puede resultar en soluciones interdisciplinarias que no son evidentes para los técnicos o profesionales que se centran en un solo campo.

Hay mentes que puede conectar puntos y conceptos de maneras inesperadas, permitiendo que surjan alternativas que no son evidentes a simple vista. Así, en situaciones complejas, la mente puede convertirse en una herramienta poderosa trascendiendo el conocimiento técnico y la experiencia profesional, revelando posibilidades que pueden cambiar el rumbo de una situación.

En el laberinto de pensamientos al que somos invitados ordinariamente hay una chispa que nos guía, que nos recuerda que, incluso mientras pueda parecer que estemos al ser atrapados por un minotauro mental, siempre hay un portal hacia la salvación.

(XXVI) Hay emociones que desbordan los límites de toda relación cuando se está cerca de almas extraordinarias, de aquellos que, siendo únicos, llevan en sí una intensidad que difícilmente encuentra lugar en el mundo de convenciones que creamos. Ser testigo de su luz y su sombra es sentir el peso de una energía que no se contiene, que sobrepasa cada intento de comprensión y exige espacios que no siempre sabemos cómo ofrecer.

Las emociones intensas —esas que nos superan y rebasan— pueden tener un impacto profundo en nuestras relaciones. La alegría desbordante, el dolor profundo, la identificación intensa o la frustración incontrolable se filtran a través de los límites de uno mismo, extendiéndose y afectando a quienes nos rodean. Estas emociones a veces desafían las barreras convenidas entre las personas, creando relaciones o tensiones difíciles de manejar.

Cuando siento profundamente, mis emociones pueden volverse casi tangibles, palpables, haciendo que los demás, queriéndolo o no, se vean inmersos en ellas. Alguna tristeza que no puedo contener puede ser percibida por quienes me rodean y, de igual modo, mi felicidad expansiva también los toca, tal vez despertando en ellos sus propios reflejos de alegría o sus propias ansiedades. En este sentido, las emociones no solo permanecen dentro de nosotros; tienen un modo de desbordarse, de cambiar el tono de una conversación, de moldear un encuentro, de influir en una relación de maneras que no siempre controlamos.

Este proceso puede ser tanto un regalo como un reto. La empatía puede ayudarnos a entender a otros, a sentir sus luchas como propias, pero a veces esa intensidad nacida de la identificación profunda con el otro también puede volverse abrumadora. A medida que nuestras emociones sobrepasan los límites personales, no siempre es fácil encontrar el equilibrio entre expresarlas y proteger a los demás de su intensidad. Aprender a vivir con emociones que pueden escaparse más allá de nuestro control nos lleva a buscar, asiduamente, formas de comunicación que expresen nuestro sentir, mientras contribuimos a desarrollar espacios de respeto y comprensión para quienes nos acompañan en el camino.

Las brasas, al ser una forma de fuego que ya no arde con la misma intensidad, simbolizan la introspección que revela poco a poco lo que estaba oculto. Esas brasas tampoco iluminan con la misma fuerza que el fuego vivo, lo que sugiere que la verdad y el autoconocimiento no siempre se revelan de inmediato. En lugar de eso, se manifiestan poco a poco, permitiendo que lo oculto salga a la superficie de manera gradual. Este proceso puede ser similar a cómo los sabores de un alimento se desarrollan lentamente durante el marinado.

El calor de las brasas es suave y constante, lo que puede simbolizar un ambiente seguro y acogedor para la reflexión. Este calor permite que las personas se sientan cómodas al explorar sus pensamientos y sentimientos más profundos, sin la presión de un fuego intenso que podría ser abrumador.

El marinado requiere tiempo, al igual que el proceso de introspección. No se puede apresurar; cada persona tiene su propio ritmo para descubrir lo que está oculto en su interior. Las brasas, al ser un fuego que ha pasado por un proceso de transformación, reflejan esta necesidad de paciencia en el viaje hacia el autoconocimiento.

(xxvii) Utilizo el símbolo del cuidado como una entrega profunda, representada por el acto de permanecer al "borde del fuego". Las llamas, que giran y queman "sin pedir perdón ni tregua", evocan la intensidad y la imprevisibilidad de aquellos a quienes se cuida, cuyas almas son vastas y secretas, tan profundas como las nuestras, pero complicadas porque no siguen los cánones que conocemos.

El amor por quienes cuidamos puede ser un viaje desafiante, repleto de giros y sorpresas, pero siempre valioso —una vez que nos embarcamos en él—. Ellos, con su singularidad, nos enseñan lo que significa acompañar sin esperar respuestas sencillas.

La metáfora del fuego sugiere que cuidar no es necesariamente algo fácil ni siempre seguro. Atender a otras personas puede implicar enfrentarse a fuerzas poderosas que pueden "quemarnos". Este desafío, a su vez, requiere de tacto, atención y un profundo respeto por el espacio y el misterio de aquellos que están bajo nuestra protección.

(xxviii) Este poema explora la idea de cómo nuestros miedos y deseos, aunque invisibles o reprimidos, se manifiestan en la intimidad de la reflexión personal.

"Andar en silencio": una metáfora de la delicadeza y el respeto implícitos en el cuidado.

Las "olas que siguen el llamado de la marea" refuerzan la idea de un flujo natural e intuitivo, en el que el cuidador actúa sin imponer, dejando que el proceso ocurra con su propio ritmo.

Estos seres "son luz y abismo": aquí intento capturar su dualidad y la profundidad que poseen, y cómo su esencia "arrasa" con los límites de quienes se acercan. Esto sugiere que el cuidado también transforma al cuidador, llevándolo a explorar los límites de su propia comprensión y paciencia.

"Las sombras de nuestros miedos y deseos se funden" sugiere que, en momentos de introspección o vulnerabilidad, las emociones profundas se mezclan y se hacen visibles de manera difusa, como sombras. Estas "sombras" danzan en el "resplandor tenue de lo no dicho", lo que implica que la comunicación y la verdad detrás de nuestros sentimientos a menudo quedan silenciadas, pero aún son sentidas intensamente.

La "quietud de la noche" representa un ambiente de calma y soledad, donde uno puede confrontar y comprender esos secretos internos. La "llama" en este contexto podría ser una metáfora de la pasión, el deseo o la vida misma que, a pesar de ser efímera, tiene el poder de desvelar aspectos profundos de nuestro ser.

Finalmente, al decir que "descubrimos el eco profundo de nuestros propios latidos", se alude a cómo, en el silencio y la reflexión, nos conectamos más profundamente con nosotros mismos. Estos latidos están "en sincronía con el misterio compartido de quienes nos rodean", lo que sugiere que, aunque nuestras emociones pueden ser personales, también resuenan con los demás, creando una conexión universal y compartida en la experiencia humana.

En el poema, en su totalidad, quiero reflejar la complejidad de cuidar, uniendo respeto profundo con entrega incondicional y una devoción que va más allá de lo que las palabras pueden expresar.

(xxix) Alrededor del fuego, uno se siente envuelto en una calidez que va más allá de la temperatura; es una sensación de pertenencia y conexión. La luz danzante de las llamas proyecta sombras que parecen contar historias, mientras el crepitar de la leña añade una banda sonora suave y envolvente. En ese ambiente, los corazones laten al unísono, creando un ritmo compartido que une a todos los presentes.

La camaradería surge de manera natural, como si el fuego actuara como un imán que atrae las almas. Las risas fluyen con facilidad, y las conversaciones se entrelazan, revelando secretos y anécdotas que fortalecen los lazos. Cada mirada y cada gesto se cargan de significado, y el aire se llena de un misterio compartido que invita a la vulnerabilidad y la apertura.

En esos momentos, el tiempo parece detenerse; las preocupaciones del mundo exterior se desvanecen, y solo existe el aquí y el ahora. La intimidad del fuego crea un refugio donde las diferencias se disipan, y lo que importa es la conexión humana, el calor de la amistad y la magia de estar juntos, disfrutando de la simplicidad de la vida.

(xxx) Reflexiono sobre la muerte y la igualdad esencial que todos compartimos en ese destino inevitable. La "tierra" se convierte en un símbolo de la tumba, el abrazo final que nos acoge a todos, sin distinción de estatus, riqueza o logros. En este contexto, la frase evoca la idea de que, al final, la muerte nivela las diferencias entre las personas, recordándonos nuestra humanidad compartida y la fragilidad que nos une. Es un recordatorio de que, no solo en el último suspiro, sino también en la realización de nuestras vidas, todos estamos conectados en un mismo ciclo.

Mientras nos entregamos a la reflexión, las máscaras caen y la esencia de nuestra existencia se revela en su forma más pura. Al final, lo que realmente importa es la realización: el camino hacia el profundo autoconocimiento que nos permite entender quiénes somos y cuál es nuestro lugar en el infinito entramado de la existencia.

(xxxi) Este poema es un adelanto de un proyecto en evolución. Únete desde el principio. Suscríbete a mi boletín de noticias (newsletter) y sé la primera persona en descubrir sus novedades y futuros escritos en **arielom.com**.

(xxxii) Se le llama "tercer sector" a las organizaciones que no son ni parte del sector público (gobierno) ni del sector privado (empresas con fines de lucro). En el contexto de la atención a personas con discapacidades, el "tercer sector" incluye a las entidades sin ánimo de lucro, como asociaciones, fundaciones y ONGs, que trabajan para mejorar la vida de estas personas, a menudo proporcionando servicios, apoyo y defensa. Este sector juega un papel crucial en áreas donde el sector público o privado no siempre puede llegar o no tiene la capacidad de intervenir adecuadamente.

(xxxiii) La atención precoz o temprana es un conjunto de intervenciones dirigidas a niñas y niños de 0 a 6 años con trastornos o están en riesgo de padecerlos en su desarrollo. Este enfoque busca identificar y abordar de manera temprana las dificultades que pueden afectar el desarrollo de los más pequeños, permitiendo así una intervención oportuna que favorezca su bienestar.

Estas intervenciones se centran no solo en los niños, sino también en sus familias y su entorno, adoptando una perspectiva sanitaria, educativa y social. El objetivo es cubrir las necesidades de los niños de manera integral y lo más pronto posible, asegurando que reciban el apoyo necesario para alcanzar su máximo potencial y mejorar su calidad de vida.

(xxxiv) Existen varias organizaciones a nivel mundial que ofrecen programas de acogida para migrantes y refugiados, brindando apoyo en áreas como aprendizaje del idioma, integración cultural y asistencia para lograr la independencia. A continuación, se presentan algunas de ellas:

España

- **Cáritas:** Desde hace 70 años, Cáritas acompaña a migrantes, refugiados, solicitantes de asilo y desplazados internos, ofreciendo programas de acogida que incluyen enseñanza del idioma y apoyo en la integración social y laboral.
- **Comisión Española de Ayuda al Refugiado (CEAR):** Organización no gubernamental fundada en 1979 que proporciona asistencia y programas de integración para refugiados y solicitantes de asilo en España.
- **Centros de Acogida a Refugiados (CAR):** El Sistema de Acogida en España cuenta con cuatro CAR que ofrecen alojamiento y programas de integración para refugiados, incluyendo enseñanza del idioma y orientación cultural.

Europa

- **Red SIRIUS:** Cofinanciada por la Comisión Europea, esta red apoya la educación de niños y jóvenes de origen migrante a través de actividades estratégicas a escala nacional e internacional, facilitando su integración en los sistemas educativos europeos.
- **HIAS Europa:** Organización que defiende un mundo en el que los refugiados encuentren acogida, seguridad y oportunidades, ofreciendo programas de integración y apoyo en varios países europeos.
- **Agencia de la ONU para los Refugiados (ACNUR):** ACNUR colabora con gobiernos y organizaciones locales para facilitar la integración de refugiados, ofreciendo programas que abarcan desde el aprendizaje del idioma hasta el apoyo en la búsqueda de empleo y vivienda. Por ejemplo, en Polonia, se han implementado programas de in-

tegración que incluyen asistencia en la búsqueda de trabajo y vivienda, así como apoyo educativo y sanitario.

Sudamérica

- **Grupo de Trabajo para Refugiados y Migrantes (GTRM) en Ecuador:** Conformado por 71 organizaciones, el GTRM coordina respuestas para atender las necesidades de personas refugiadas y migrantes en Ecuador, ofreciendo programas que abarcan desde la asistencia humanitaria hasta la integración socioeconómica.

- **Plataforma de Coordinación Interagencial para Refugiados y Migrantes (R4V):** Esta plataforma está conformada por más de 200 organizaciones, incluyendo agencias de la ONU y sociedad civil, que trabajan en la región para coordinar la respuesta a la situación de refugiados y migrantes de Venezuela, ofreciendo programas de integración y apoyo en varios países sudamericanos.

- **Asylum Access América Latina (AALA):** Esta organización no gubernamental trabaja para hacer realidad los derechos de las personas refugiadas en Latinoamérica, incluyendo programas de integración y apoyo legal en países como Ecuador y México.

- **Organización Internacional para las Migraciones (OIM):** La OIM implementa programas de integración en varios países sudamericanos, fomentando la estabilización e integración de personas refugiadas y migrantes en América Latina y el Caribe.

Norteamérica

- **FCJ Refugee Centre:** El Centro para Refugiados FCJ presta servicios a los refugiados y otras personas en riesgo debido a su estatus migratorio, ofreciendo asesoría, consejos y soporte en lo referente a su proceso de solicitud de inmigración o de refugio, y abordando problemas como la falta de recursos, marginación y discriminación.

- **ACNUR Canadá:** La Agencia de la ONU para los Refugiados proporciona información y recursos para los solicitantes de asilo en Canadá, incluyendo orientación sobre cómo solicitar asilo, derechos y obligaciones, reagrupación familiar y programas de reasentamiento.

- **Programa de Refugiados Patrocinados por el Gobierno de Canadá:** Este programa ofrece reasentamiento a refugiados en Canadá, proporcionando apoyo en áreas como alojamiento, aprendizaje del idioma y adaptación cultural para facilitar su integración y autonomía.

- **Hispanic Federation:** Esta organización ofrece programas de apoyo a inmigrantes, incluyendo asistencia con solicitudes de DACA y becas para educación superior, facilitando recursos para la integración y el desarrollo personal.

- **Global Refugee (anteriormente Lutheran Immigration and Refugee Service):** Con más de ochenta años de experiencia, esta organización brinda apoyo a inmigrantes en Estados Unidos, ofreciendo servicios que van desde la acogida inicial hasta programas de integración y aprendizaje del idioma.

- **Ascentria Care Alliance:** Ascentria es el único programa de Massachusetts que ofrece acogida a niños refugiados e inmigrantes no acompañados, brindando servicios de acogida y apoyo integral para jóvenes que han llegado a Estados Unidos en busca de seguridad sin un padre o tutor que cuide de ellos.

- **ACNUR USA:** La Agencia de la ONU para los Refugiados colabora con personas forzadas a huir, dependencias gubernamentales, organizaciones no gubernamentales, profesionales del derecho y representantes legales, entre otros socios, para proteger y defender los derechos y el bienestar de las personas refugiadas, solicitantes de asilo y apátridas en Estados Unidos.

Asia-Pacífico

En Asia, diversas organizaciones internacionales y locales trabajan en la acogida e integración de migrantes y refugiados. Por ejemplo, HIAS tiene presencia en varios países asiáticos, brindando programas de protección y apoyo.

- **Organización Internacional para las Migraciones (OIM) en Australia:** La OIM, en colaboración con el gobierno australiano, implementa programas de traslado asistido que proporcionan atención médica y asistencia en el viaje para refugiados que se reasientan en Australia. Además, ofrece orientación cultural previa a la salida para preparar a los migrantes humanitarios para su nueva vida en el país.

- **Caritas Australia:** Como parte de Caritas Internationalis, Caritas Australia apoya más de 190 programas de ayuda humanitaria y desarrollo, promoviendo el bienestar integral de las personas, independientemente de su credo religioso, político o cultural. Sus iniciativas incluyen programas de apoyo para migrantes y refugiados en el país.

- **Cruz Roja Australiana:** La Cruz Roja Australiana ofrece diversos servicios de apoyo para inmigrantes, incluyendo asistencia en la reunificación familiar, orientación sobre servicios comunitarios y programas de integración para facilitar la adaptación de los recién llegados a la sociedad australiana.

Estas organizaciones trabajan en colaboración con gobiernos y comunidades locales para proporcionar a los migrantes y refugiados las herramientas necesarias para integrarse plenamente en sus nuevos entornos, promoviendo la autosuficiencia y el respeto por la diversidad cultural.

(XXXV) Los ejemplos de situaciones que exigen mejora en relación con la carencia de plazas de atención son numerosos. Estas situaciones resaltan la necesidad urgente de mejorar la disponibilidad y accesibilidad de los servicios esenciales para garantizar que todas las personas reciban la atención que necesitan:

- **Atención a la Salud Mental:** Muchas personas que necesitan apoyo psicológico o psiquiátrico no pueden acceder a servicios debido a la falta de plazas en centros de salud mental, lo que puede llevar a un deterioro de su bienestar emocional y a crisis más graves.

- **Educación Especial:** Niños con discapacidades o necesidades educativas especiales a menudo enfrentan largas listas de espera para acceder a programas de educación especial, lo que retrasa su desarrollo y aprendizaje.

- **Servicios de Rehabilitación:** Personas que han sufrido accidentes o enfermedades que requieren rehabilitación física pueden encontrar que no hay suficientes plazas en centros de rehabilitación, lo que retrasa su recuperación y reintegración a la vida diaria.

- **Cuidados Paliativos:** Pacientes con enfermedades terminales a menudo carecen de acceso a servicios de cuidados paliativos, lo que puede resultar en un manejo inadecuado del dolor y una calidad de vida deficiente en sus últimos días.

- **Atención Infantil:** Familias que necesitan servicios de guardería o atención temprana para sus hijos pueden enfrentar dificultades para encontrar plazas disponibles, lo que limita su capacidad para trabajar o estudiar.

- **Servicios de Inclusión Social:** Personas en situación de vulnerabilidad, como aquellos que experimentan homelessness o violencia de género, pueden no tener acceso a refugios o servicios de apoyo, lo que agrava su situación.

- **Atención a Personas Mayores:** La falta de plazas en residencias o centros de día para personas mayores puede dejar a muchos sin el cuidado adecuado, afectando su salud y bienestar.

Existen varios estudios que respaldan la afirmación de que hay una carencia significativa en cuanto a plazas de atención, lo que limita el acceso a servicios esenciales para personas con discapacidad y enfermedades mentales. Aquí se presentan algunos ejemplos y evidencia que apoyan este argumento:

Falta de servicios accesibles y adecuados

- **Informe de la OMS sobre discapacidad (2011):** La Organización Mundial de la Salud (OMS) en su informe de 2011 sobre discapacidad señaló que más de mil millones de personas en el mundo viven con alguna forma de discapacidad, pero muchos no tienen acceso a servicios médicos y sociales adecuados. Esta falta de acceso se debe a la carencia de instalaciones adecuadas, así como a la falta de personal capacitado para atender estas necesidades.

- **Barreras estructurales:** En muchas regiones, especialmente en países de ingresos bajos y medios, la infraestructura no está diseñada para satisfacer las necesidades de las personas con discapacidades. Las plazas en instituciones de salud mental, centros de rehabilitación y servicios de apoyo son insuficientes, y la calidad de los servicios varía enormemente.

Desigualdad en el acceso a la atención

- **Informe del Observatorio Estatal de la Discapacidad:** Este informe destaca que las personas con discapacidad en España enfrentan diversas inequidades en el acceso a la atención médica. Factores sociales injustos y evitables contribuyen a estas desigualdades, lo que afecta negativamente la salud y el bienestar de estas personas.

- **Estudio de la Alianza por el Derecho a la Salud (Adesa):** Un estudio en 50 hospitales municipales y provinciales en el interior de la República Dominicana reveló que el 66% de los centros no cuenta con cardiólogos y el 92% le falta oncólogos. Esta carencia de especialistas afecta gravemente el acceso a servicios médicos esenciales, incluyendo aquellos necesarios para personas con discapacidad y enfermedades mentales.

- **Estudio de Accesibilidad al Sistema Nacional de Salud:** Un estudio observacional en España analizó la asociación entre el nivel socioeconómico y las dificultades de acceso a la atención sanitaria. El estudio encontró que las listas de espera en el sistema de salud afectan desproporcionadamente a personas con enfermedades mentales y otras condiciones, limitando su acceso a servicios esenciales.

- **Estudio de la Universidad de Queensland (Australia):** Un estudio de la Universidad de Queensland reveló que, aunque Australia tiene una infraestructura sólida en términos de atención a la salud mental, aún existen brechas significativas en el acceso a estos servicios, especialmente en áreas rurales y entre comunidades vulnerables, como personas con discapacidad intelectual o psicosocial.

- **Informe de la OMS sobre salud mental (2018):** A nivel global, la OMS encontró que más del 75% de las personas con trastornos mentales en países de ingresos bajos y medios no reciben atención adecuada. Esto se debe en parte a la escasez de personal de salud mental y la falta de inversión en la construcción de instituciones y plazas necesarias para tratar a estas personas.

Impacto de la falta de atención en comunidades vulnerables

- **Situación en países de bajos recursos:** En muchas naciones de África, Asia y América Latina, la escasez de centros de atención para personas con enfermedades mentales y discapacidades es especialmente grave. La falta de presupuesto destinado a servicios de salud mental y la baja prioridad política para estos temas hacen que las personas se vean obligadas a depender de sistemas informales de cuidado o, en el peor de los casos, a enfrentar la marginación social.

- **Crisis en la atención a la salud mental en América Latina:** En países como Venezuela y Brasil, se ha informado sobre la escasez de plazas en instituciones psiquiátricas, lo que ha llevado a que personas con enfermedades mentales vivan en condiciones precarias, sin el apoyo necesario. Además, las familias a menudo carecen de los recursos para acceder a tratamientos privados.

Desafíos específicos en el ámbito infantil

- **Estudio de UNICEF sobre discapacidad infantil (2020):** UNICEF ha destacado que las niñas y niños con discapacidades enfrentan barreras significativas para acceder a servicios educativos y de salud. A nivel global, se estima que un 10% de la población infantil tiene algún tipo de discapacidad, y muchos no reciben los servicios adecuados para su desarrollo, debido a la falta de plazas en instituciones especializadas.

- **Informe de la OMS sobre la salud mental en la infancia (2020):** Los trastornos mentales en niños y adolescentes son una preocupación creciente a nivel global. La falta de plazas adecuadas en centros especializados para el tratamiento y apoyo a estos trastornos sigue siendo un desafío, especialmente en países de ingresos bajos y medianos.

Oportunidades de cambio a través de la inclusión

- **Enfoques innovadores en la integración de servicios de salud mental y discapacidad:** En algunos países de Europa y Asia-Pacífico, como Japón y Reino Unido, ha habido esfuerzos para integrar los servicios de salud mental y discapacidad en el sistema público de salud. Sin embargo, estos esfuerzos aún no han sido replicados a gran escala en todo el mundo, y la falta de infraestructura sigue siendo una barrera importante.

- **Modelo de atención comunitaria:** Organizaciones como Médecins Sans Frontières (MSF) e International Disability Alliance (IDA) han trabajado para promover modelos de atención comunitaria en países con recursos limitados. Estos modelos buscan reducir la dependencia de plazas institucionalizadas y ofrecer cuidados más accesibles a las comunidades locales.

La evidencia global muestra que la falta de plazas de atención para personas con discapacidades y enfermedades mentales es una barrera importante para el acceso a servicios de salud adecuados. Esta carencia se debe a factores como la falta de infraestructura, la escasez de personal capacitado y las desigualdades económicas y sociales que afectan a las personas más vulnerables. La comunidad internacional, incluidos gobiernos y organizaciones no gubernamentales, debe continuar trabajando para mejorar el acceso a la atención en todos los niveles y en todas las regiones, con un enfoque inclusivo que considere tanto la disponibilidad de servicios como su calidad y accesibilidad.

(XXXVI) Mi trabajo en el mundo digital, donde la accesibilidad es clave, me ha enseñado a ver la importancia de integrar la inclusión no solo como una opción, sino como una necesidad fundamental. Estas reflexiones sobre la accesibilidad no solo guían mis proyectos profesionales, sino también mi visión poética y humana sobre la vida y las relaciones.

Creo firmemente que la inclusión y la accesibilidad deben ser principios fundamentales en el diseño de entornos, productos, servicios y procesos, y no meros añadidos opcionales o esfuerzos de último minuto.Integrar la accesibilidad como un principio natural y no como un "extra" es fundamental no solo para garantizar que las personas con discapacidad o necesidades especiales puedan participar plenamente en la sociedad, sino también porque los productos y servicios resultan ser mejores cuando se diseñan desde el principio con la accesibilidad en mente para todos. Pensar en la accesibilidad desde el inicio asegura soluciones más inclusivas, funcionales y de mayor calidad para toda la población.

A continuación, te ofrezco una serie de notas que pueden ayudarte a explorar este concepto en el contexto de las WCAG (Pautas de Accesibilidad para el Contenido Web) y otros estándares, así como en la integración de la accesibilidad en diversas áreas.

1. Accesibilidad como un principio de diseño universal

- **Diseño inclusivo:** En lugar de ser un "extra" o una adaptación posterior, la accesibilidad debe ser un principio integral desde el inicio del diseño de cualquier producto, servicio o infraestructura. El Diseño Universal promueve soluciones que pueden ser utilizadas por todos, independientemente de sus habilidades, edad o discapacidad.

- **WCAG y Diseño Web:** Las Pautas de Accesibilidad para el Contenido Web (WCAG) establecen estándares que buscan garantizar que las páginas web sean accesibles para personas con discapacidades, incluidas aquellas con discapacidades visuales, auditivas, motrices y cognitivas. Estos estándares deberían ser considerados parte del diseño básico de cualquier sitio web o aplicación, no un "extra" agregado después de que el diseño principal esté completado.

2. Accesibilidad como responsabilidad organizacional

- **Responsabilidad social y empresarial:** Las empresas y organizaciones tienen la responsabilidad de garantizar que sus servicios sean accesibles para todos. Esto va más allá del cumplimiento de normativas, como el Estándar Internacional de Accesibilidad (ISO 9241-171) y la Ley de Discapacidad (ADA), y debe formar parte de la cultura organizacional.

- **Accesibilidad en políticas de recursos humanos:** Las políticas de inclusión laboral, como las que se centran en la accesibilidad para empleados con discapacidades, deben ser vistas como una prioridad estratégica para las organizaciones, asegurando que la accesibilidad esté integrada en todos los aspectos del lugar de trabajo, desde la contratación hasta las adaptaciones necesarias.

3. Tecnología como facilitadora de la accesibilidad natural

- **Desarrollo de tecnologías accesibles:** La tecnología debe estar diseñada pensando en la accesibilidad desde su concepción. Esto incluye interfaces accesibles, servicios de texto a voz, subtítulos automáticos, y diseño de aplicaciones con funciones como el cambio de contraste o tamaño de texto. La tecnología asistiva es un ejemplo claro de cómo la tecnología puede facilitar la accesibilidad de manera natural, eliminando barreras para las personas con discapacidades.

- **Innovación inclusiva:** Empresas tecnológicas, como Apple, Google y Microsoft, han integrado funciones de accesibilidad como estándar en sus dispositivos y sistemas operativos, haciendo que características como la lectura en pantalla, modificación de colores, y reconocimiento de voz sean fácilmente accesibles para todos. Estas herramientas deberían formar parte de cualquier dispositivo o plataforma, no como una característica adicional, sino como una función básica.

4. Accesibilidad en el ámbito urbano y en la infraestructura pública

- **Entornos físicos accesibles:** La accesibilidad no solo se refiere a lo digital, sino también al entorno físico. La Ley de Accesibilidad en el Entorno Construido (como la Ley de Discapacidad en España) establece normativas que garantizan el acceso a edificios, transporte público y otros espacios de uso común para personas con movilidad reducida. La accesibilidad en estos entornos debe ser algo inherente al diseño urbano y arquitectónico, no una adaptación posterior.

- **Transporte público accesible:** Muchas ciudades alrededor del mundo están implementando soluciones para que el transporte público sea accesible a todas las personas, incluidos aquellos con discapacidades físicas y cognitivas. Esto incluye rampas, ascensores, y señales visuales y sonoras. Estos esfuerzos deben ser la norma, no la excepción.

5. Accesibilidad en la educación

- **Diseño inclusivo en la educación:** Las escuelas y universidades deben garantizar que todos los estudiantes, sin importar sus habilidades o discapacidades, puedan acceder a un aprendizaje de calidad. Esto incluye adaptaciones curriculares, materiales educativos accesibles (como libros de texto en formatos electrónicos con opciones de lectura, o audios), y herramientas digitales accesibles.

- **Tecnología educativa inclusiva:** El uso de tecnologías educativas adaptativas, como plataformas que permiten la personalización del contenido según las necesidades del estudiante (por ejemplo, lectores de pantalla o herramientas de traducción), es un paso hacia la accesibilidad natural en el sistema educativo.

6. Accesibilidad en la comunicación y medios

- **Subtítulos y traducción de lengua de señas:** Los medios de comunicación, incluidos los servicios de streaming como Netflix y YouTube, están empezando a integrar los subtítulos, los doblajes y la traducción en lengua de señas como algo estándar, no adicional. Esto debería ser una práctica generalizada, garantizando que las personas con discapacidades auditivas o del habla puedan acceder al contenido sin necesidad de buscar servicios externos.

- **Contenido accesible en redes sociales:** Plataformas como Instagram, Twitter y Facebook han comenzado a integrar características como subtítulos automáticos y texto alternativo para imágenes, facilitando el acceso al contenido para personas con discapacidades visuales y auditivas.

7. Accesibilidad en la legislación y políticas públicas

- **Normativas inclusivas:** Las políticas públicas y legislaciones deben asegurar que la accesibilidad no se vea como un requisito opcional o posterior, sino como una condición básica que debe estar integrada en todos los servicios, tanto públicos como privados. El Convenio sobre los Derechos de las Personas con Discapacidad de la ONU establece que los países deben garantizar que las personas con discapacidad tengan acceso igualitario a la información, la educación, los servicios públicos y las oportunidades laborales.

- **Compromiso gubernamental:** En varios países, las leyes de accesibilidad han sido implementadas con el fin de garantizar la igualdad de derechos en diversos sectores (educación, trabajo, transporte, etc.). La accesibilidad no debe ser vista como un "extra" que se agrega a la legislación de manera opcional, sino como un derecho fundamental.

(xxxvii) La relación entre la provisión de vivienda temporal y la mejora de la salud mental en personas sin hogar ha sido objeto de diversos estudios que evidencian resultados positivos. A continuación, se presentan algunos de estos estudios:

- **Innovaciones que podrían combatir el sinhogarismo.** Tecnológico de Monterrey. 2022. Este informe presenta estrategias aplicadas en diez ciudades globales, incluyendo Bogotá y Ciudad de México, para abordar la crisis de falta de vivienda. Los autores destacan cómo el acceso a vivienda puede mejorar la estabilidad y el bienestar de las personas sin hogar.

- **Visión General del Sinhogarismo Global y Estrategias para el Cambio Sistémico.** Alianza Global para el Sinhogarismo. 2018. Este documento ofrece una visión general del sinhogarismo a nivel mundial y presenta estrategias para abordar la falta de vivienda a través de enfoques sistémicos.

- **Informe Anual de Personas sin Hogar a Vivienda.** Plataforma de conocimiento ULI. 2024. Este informe explora soluciones inmobiliarias para abordar la crisis de vivienda en los Estados Unidos, destacando lecciones clave aprendidas en la iniciativa Homeless to Housed.

(xxxviii) El entrevistado comparte una conversación interna que tiene consigo mismo, considerando sus creencias y experiencias. A través de este diálogo interno, explora sus ideas, dudas y descubrimientos, brindando una perspectiva más clara de su evolución y viaje personal. Esta autoexploración revela no solo sus motivaciones, sino también las complejidades de su experiencia y cómo estas influyen en su perspectiva.

¡Ay!, ¿cómo puedes estar satisfecho con tan poco?
Ven, regresa a la raíz de la raíz
          de tu propia alma.

—Rumi

Viajero de la Bruma

www.ingramcontent.com/pod-product-compliance
Lightning Source LLC
Chambersburg PA
CBHW071732120626
46550CB00002B/491